연민 대신
권리를
나누기로 했다

연민 대신
권리를
나누기로 했다

연대하는 청소년을 위한 나눔교육 워크북

유범상 외

마북

프롤로그
너와 나의 권리 찾기를 위한 연대, 나눔

유범상 한국방송통신대학교 교수

나눔샘 프로젝트: 자선에서 권리로

『연민 대신 권리를 나누기로 했다』는 나눔에 대한 새로운 철학과 실천을 확산하기 위한 책으로, 사랑의열매와 '시민교육과 사회정책을 위한 마중물'(이하 사단법인 마중물)이 2019년부터 함께하고 있는 '나눔샘' 프로젝트의 일환이다.

자선형 나눔과 권리형 나눔

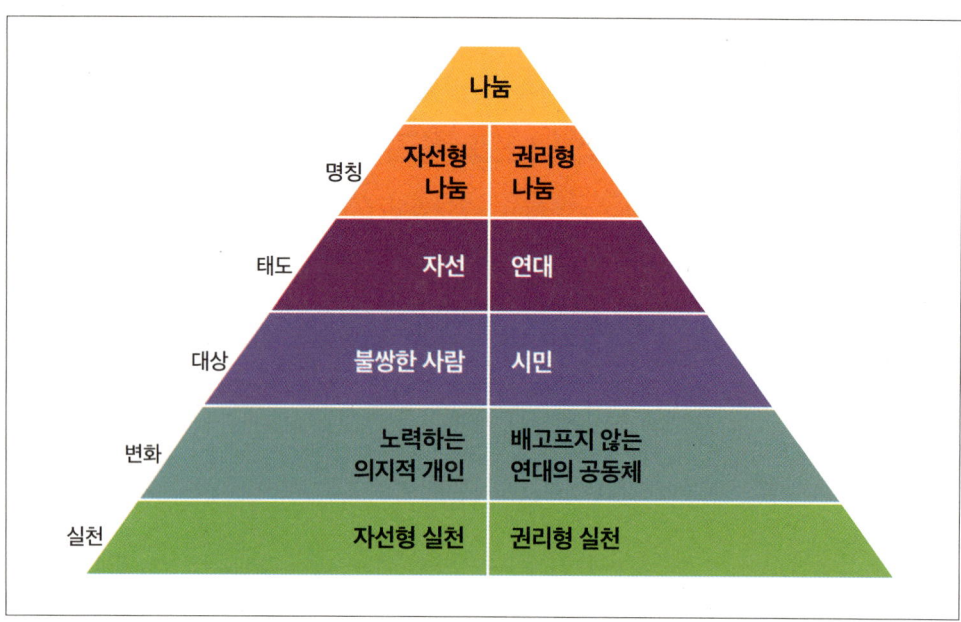

우리 사회에서는 나눔을 어려운 이웃을 돕는 것으로 이해해 왔다. 그래서 지금까지의 나눔교육 또한 과거에 '우애방문원(friendly visitor)'의 자선에 기반하여 불쌍한 사람들을 도왔던 것과 같은 '자선형 나눔교육'이 주류를 이루었다. 반면 나눔샘 프로젝트는 어려운 이웃이 생기지 않는 공동체 형성에 초점을 두고 있다. 따라서 이 책에서 시도하고 있는 '권리형 나눔교육'은 협동과 연대를 통해 사회적 위험에 공동으로 대응하는 민주시민 형성을 목적으로 한다. 자선을 넘어 민주주의, 인권, 시민권에 기반한 시민교육을 나눔교육의 목표로 삼고, 관련 철학과 실천 사례, 교육 방법 등을 다룬다.

이와 같은 나눔에 대한 두 관점은 6쪽에 있는 그림에 잘 정리돼 있다. 나눔은 자선형 나눔과 권리형 나눔으로 나뉜다. 자선형 나눔이 남을 불쌍히 여겨 돕는 자선을 기본 태도로 한다면 권리형 나눔은 연대를 바탕으로 한다. 자선형 나눔에서는 나눔의 대상을 불쌍한 사람으로 보고, 이들이 노력하는 의지적 개인으로 변화하기를 바란다. 그러나 권리형 나눔은 모두를 같은 시민으로 보고, 서로 연대하여 누구도 배고프지 않는 공동체를 만들고자 한다. 이에 따라 자선형 나눔을 위한 실천이 자선의 성격을 띠는 반면, 권리형 나눔에서는 시민권을 자신의 권리로 인식한 시민들이 연대하여 그 권리를 누릴 수 있는 공동체를 만들려는 실천이 중심을 이룬다.

나눔샘이란: 나눔의 샘, 나눔쌤 그리고 나누셈

나눔샘 프로젝트의 공식 명칭은 '나눔교육 활성화를 위한 지역사회 네트워크 구축 사업'이다. 즉 나눔을 위한 교육과 실천을 활성화하기 위한 프로젝트이다. 이 프로젝트의 정체성을 압축적으로 표현한 이름이 '나눔샘'이다. 나눔샘은 세 가지 의미를 가진다.

나눔샘의 의미

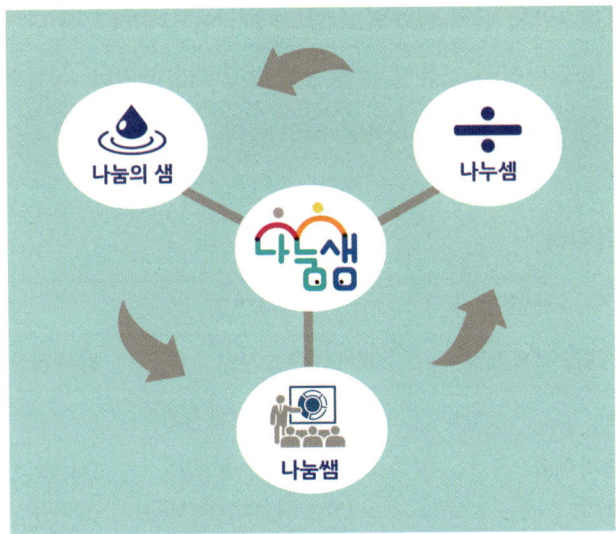

첫째, 나눔샘은 '나눔의 샘'이다. 여기에는 나눔의 새로운 철학과 실천의 원천이 되겠다는 뜻이 담겨 있다.

둘째, 나눔의 샘에서 나온 철학과 콘텐츠는 나눔을 가르치는 '나눔쌤'을 통해 시민들에게 전달된다. 나눔은 자선, 박애, 협동, 연대 등 다양한 내용을 포괄하기 때문에 나눔쌤은 이런 나눔의 이론과 철학을 체계적으로 확산할 능력을 가진 사람이어야 한다. 나눔샘은 나눔쌤, 즉 나눔강사를 양성하고 나눔강사 간의 네트워크를 구성한다.

마지막으로 나눔샘은 함께 나누자는 의미를 담은 '나누셈'으로 실천한다. 나눔은 기본적으로 타자를 전제로 한다. 협동과 연대에 기반하여 학교, 마을, 국가의 도처에서 나눔을 실천하자는 의미를 담고 있다.

나눔샘 프로젝트는 나눔의 샘에서 나온 철학을 나눔쌤이 학교와 지역사회에서 나누셈으로 실천한다. 실천의 경험과 성과는 다시 나눔의 샘에 축적된다. 따라서 나눔의 샘, 나눔쌤, 나누셈은 상호 연계되어 순환하는 과정을 통해 경험과 이론을 축척하고, 나눔강사와 활동가를 발굴하면서 계속 발전할 수 있다.

이 책의 내용

나눔샘 프로젝트는 3년에 걸쳐 진행되고 있다. 1차 연도에 나눔의 관점을 정립하였고, 2차 연도에는 나눔의 관점을 교육할 콘텐츠를 집중 개발하였다. 이를 바탕으로 3차 연도에는 나눔강사 양성과 나눔 시민교육을 하고 있다.

나눔샘 프로젝트의 구성

	1차 연도	2차 연도	3차 연도
중앙사업	철학 정립-교재 개발	교육 콘텐츠 개발	강사 양성 / 나눔 시민교육
기관사업	나눔 실천 현장 지원		
관련 강의 영상	〈나눔의 예술〉(총 6강)	〈나눔의 권리〉(총 6강) 〈나눔샘 워크북〉(총 15강)	〈나눔의 프락시스〉(총 6강)

본 책은 2차 연도 사업인 교육 콘텐츠 개발의 결과물로 출간되는 시민교육을 위한 나눔샘 워크북이다. 총 4부 15장으로 구성되었다. 1부 '나눔의 시선, 관점'은 권리형 나눔이 나눔을 어떻게 바라보는지를 다양한 활동과 토론으로 알아갈 수 있도록 구성하였다. 2부는 시민들이 자신의 삶 속에서 나눔을 새롭게 규정하고 어떻게 실천할 수 있는지를 다룬다. 3부와 4부는 각각 학교와 마을에서 권리형 나눔을 다양하게 확산하는 방법을 함께 고민해 본다. 이 책의 각 장은 아래의 세 가지 범주로 구성되었다.

① 질문 나눔: 나눔의 인식론
'불쌍한 사람을 도울 것인가, 불쌍한 사람이 생기지 않는 공동체를 만들 것인가?'

권리형 나눔은 새로운 질문에서 시작된다. 질문을 통해 당연시 하던 인식에서 벗어나 나와 너, 그리고 우리를 둘러싼 공동체를 새롭게 이해할 수 있다. 사회적 위험에 처한 사람을 개인이 자선의 마음으로 도울 것인지, 아니면 권리의 결핍 상태로 보고 시민의 권리를 보장하는 공동체 형성을 통해 해결할지를 질문한다.

② 실천 나눔: 나눔의 실천론
'배부를 권리는 없지만 배고프지 않을 권리가 있다. 건강을 잃어도 다 잃지 않아야 한다, 이 땅의 어떤 생명일지라도.'

실천 나눔은 질문 나눔에서 제기된 문제를 실천을 통해 해결하는 모습을 담고 있다. 권리형 나눔으로 공동체를 변화시키기 위해서는 어떻게 실천할 것인지에 대한 고민이 필수적이다. 예를 들어 불쌍한 사람이 생기지 않는 공동체를 만들기 위해서는 어느 누구도 배고프지 않도록 지켜 주는 정책이 있어야 한다. 이런 정책의 도입을 요구하는 것이 시민의 권리다. 이런 권리를 자각하고 실천하는 행위가 바로 나눔이다.

③ 상상 나눔: 나눔의 정치론
'빵과 함께 권리를, 권리는 시민력과 함께라야 살아 숨 쉰다.'

상상 나눔에서는 질문 나눔과 실천 나눔을 지속하는 가운데 좋은 공동체를 만드는 방법에 대해 상상한다. 한 아이를 키우는 데 마을 전체가 필요하다는 말처럼 한 사람이 온

전하게 살아가기 위해서는 공동체가 필요하다. 이런 공동체를 만들고 유지하는 핵심적인 동력은 시민들에게서 나온다.

이처럼 나눔은 지금까지 묻지 않았던 새로운 질문을 던지고(질문 나눔), 이 질문을 통해 우리의 권리로 인식한 시민권을 얻기 위해 구체적인 행동에 나서는 실천이며(실천 나눔), 연대를 통해 인간다운 삶과 더 나은 공동체를 끊임없이 상상하는(상상 나눔) 일련의 과정이다. 이 책은 청소년을 비롯한 시민들이 권리형 나눔을 익히고 실천할 수 있도록 돕는 길잡이이다. 참고 영상 〈나눔샘 워크북〉은 유튜브 '마중물TV'에서 볼 수 있다.

이 책의 제목 『연민 대신 권리를 나누기로 했다』에서 연민과 권리가 대비된다. 연민은 어려운 사람을 긍휼히 여기는 동정과 시혜의 감정이다. 이때 어려운 이웃은 열등한 사람이 되고, 노력하지 않고 의지력이 약한 존재로 낙인이 찍힌다. 반면 권리는 어떤 존재가 마땅히 누려야 하는 것을 의미한다. 그런데 권리 행사가 가능하려면 자신이 마땅히 받아야 할 몫이 무엇인지 알고 이를 관철할 '힘'이 있어야 한다. 이때 힘은 권리를 아는 사람들의 연대에서 나온다. 이런 점에서 권리는 권력(시민력)과 함께여야 실현될 수 있다. 이 책이 연민을 의미 없다고 여기는 것은 아니다. 하지만 연민이 자선, 동정, 시혜, 적선에 기인하여, 상대에게 굴욕감을 줄 수 있음에 유의한다. 따라서 이 책은 평등과 연대에 기반을 둔 권리를 시민들 간의 나눔의 기초로 삼는다. 시민은 권리형 나눔의 이론과 사례를 학습함으로써 다른 시민과 진정한 우정을 쌓고 공동체에서 실질적인 민주주의를 이룰 수 있다. 즉 연민이 아닌 권리가 나눔의 원리라는 이 책의 핵심 주장을 제목에 담았다.

이 책을 만든 사람들

사단법인 마중물의 모토 중에 "손을 마주 잡되 발까지 맞추지는 말자."라는 말이 있다. 철학은 공유하되 실천은 자기 공간에서 자기답게 하자는 것이다. 이 책의 저자는 15명이다. 이렇게 많은 저자들이 손을 마주 잡는 것, 동일한 관점과 범주로 일관된 주장을 담은 책을 쓴다는 것은 쉽지 않다. 그러나 그동안 함께 공부해 오는 과정에서 토론하는 동료가 되었기 때문에 가능했다. 나눔샘 전 과정을 진행해 온 연구책임자로서 바쁜 가운데 마음을 내어 이 책에 의미를 담아 준 저자들에게 감사의 인사를 전한다.

이 책은 사랑의열매가 3년간 전폭적인 지원을 해 주었기 때문에 가능했다. 나눔에 대한 새로운 관점을 지지해 주고, 연구와 실천의 과정에서 늘 함께한 사랑의열매의 한지선 팀장, 배경진 대리께 깊은 감사를 드린다. 또한 이 프로젝트를 기획하고 체계적인 지원을 아끼지 않은 박은희 본부장께도 고마움을 전한다. 3년에 걸쳐 사업이 진행되면서 나눔샘 프로젝트의 담당자들이 바뀌었다. 그간 함께해 준 유은혜 대리, 김영빈 대리, 정회영 충남지회 사무처장, 박흥철 충북지회 사무처장, 김진곤 광주지회 사무처장, 특히 김연순 전 사무총장께 감사의 인사를 전한다.

사단법인 마중물은 이 프로젝트를 일선에서 운영해 왔다. 특히 김향미 국장은 네트워크를 만들고, 계획을 실행하고, 의미를 담으려고 밤낮으로 노고를 아끼지 않았다. 이 자리를 빌려 깊이 감사드린다. 또한 나눔샘의 철학을 현장에서 실천한 기관들과 사람들이 있었기에 이 프로젝트의 이상이 현실이 될 수 있었다. 이분들을 일일이 거명할 순 없지만 감사함은 마음속에 늘 남아 있다.

책은 만인이 볼 수 있도록 의미를 저장하는 매체이다. 그런 점에서 이 책은 나눔샘이 영원히도록 해 준다. 이 의미를 알고 헌신해 준 마부익 김민하 대표, 명징한 글이 되게 해 준 이영은 편집자, 개성있는 일러스트로 생기를 불어넣어 준 신홍재 작가, 그리고 이 모두를 종합하여 워크북으로서 더할 나위 없이 멋진 책으로 만들어 준 공미경 디자이너에게 감사함을 전한다. 이들은 이 작업을 하는 과정에서 내게 토론하는 동료이자 함께 하는 실천가였다.

이 책의 출간으로 토론을 위한 광장과 최고의 놀 거리를 얻은 기분이다. 이 책의 목적은 시민들이 나눔을 권리로 인식하고 이를 실현함으로써, 인간다운 삶을 살기 위해 도처에서 토론하도록 하는 데 있다. 그 이상이 일상이 되도록 상상하는 시민들과 만날 광장을 생각하니 가슴이 뛴다.

차례

프롤로그: 너와 나의 권리 찾기를 위한 연대, 나눔　005

Ⅰ 나눔의 시선, 관점

01 나눔은 권리다 ──────────────────── 016
02 빈곤의 역사를 통해 본 나눔 ──────────── 028
03 능력주의와 나눔 ──────────────────── 050
04 나눔의 정의를 찾아서 ───────────────── 070

Ⅱ 삶 속에서 다시 생각하는 나눔

05 학생 스스로 해 보는 권리형 나눔: 학생존중자율약속을 중심으로 ─── 098
06 차별 없는 일상을 위한 여정 ─────────── 112
07 소비도 나눔이다 ──────────────────── 132
08 연대의 관점에서 본 노동과 임금 ─────── 148

III 학교에서

09 기후위기 대응 교육: 주제 통합 수업을 중심으로 — 168
10 그림책 토론: 장애 인식을 중심으로 — 182
11 연극으로 삶을 경험하고 사회를 만나다 — 198

IV 마을에서

12 차별과 편견을 넘어 마을 속으로 — 218
13 커뮤니티 매핑 — 234
14 사회적 독서로서의 슬로리딩 — 254
15 소셜 디자이너 — 272

수록문 출처   287
수록 이미지 출처   289

나눔의 시선, 관점

01 나눔은 권리다

유범상 한국방송통신대학교 교수

- 새로운 나눔을 위한 질문들
- 나눔은 권리다
- 나눔은 연대다

나눔은 질문, 권리, 연대를 통해 실현된다. 첫째, 나눔을 위해서는 의존에 대해 질문해야 한다. 로빈슨 크루소처럼 홀로 살아가는 인간은 존재하지 않는다. 인간은 모두 의존적이며 서로 연결되어 살아간다. 둘째, 나눔은 권리다. 지금까지 나눔을 시혜나 자선으로 보는 시각이 주류를 이뤘으나, 시민권의 관점에서 봤을 때 나눔은 시민의 당연한 권리다. 권리형 나눔은 누구나 인간답게 살 권리가 있다는 것을 인식하고 이를 위한 나눔을 권리로서 요구하고 실천하는 것이다. 셋째, 권리형 나눔은 사회적 연대를 통해 실현된다. 그리고 시민권을 획득하는 데 필수적인 시민력은 시민교육을 통해 길러질 수 있다. 시민교육은 시민권 교육을 통해 시민을 호모 폴리티쿠스, 즉 정치적인 존재로 조직하는 실천이다.

질문 나눔_새로운 나눔을 위한 질문들

우리는 흔히 의존과 독립을 상반되는 개념으로 생각한다. 하지만 사람이 독립할 수 있는 것은 다른 사람이나 물건, 지식에 의존한 덕분이다. 잘 의존해야 잘 독립할 수 있다. 의존을 협동과 연대의 관점에서 이해하고, 상호 의존을 통해 누구나 인간다운 삶을 살 수 있는 공동체를 만들어 보자.

활동 1. 나는 독립적인가

① 내가 의존하고 있는 사람을 써 봅시다. 그 사람에게 무엇을 의존하고 있는지 이야기해 봅시다.

② 내가 의존하고 있는 물건을 써 봅시다. 그 물건에 무엇을 의존하고 있는지 이야기해 봅시다.

③ 내가 의존하고 있는 지식을 써 봅시다. 그 지식에 무엇을 의존하고 있는지 이야기해 봅시다.

④ "독립적인 삶을 위해 의존은 필수적이다."라는 말에 대해 어떻게 생각하는지 이야기해 봅시다.

활동 2. 나눔은 모두 같은가

1. 노숙인과 신사

2021년 1월 서울역 광장에서 신문기자가 우연히 목격한 따뜻한 장면을 담은 사진이 큰 관심을 모았습니다. 노숙인이 너무 추워 지나가는 한 시민에게 커피 한잔 사 줄 것을 청하자, 시민은 그에게 외투와 장갑을 벗어 주고 돈 5만원을 건네주었습니다.

① 사진을 보고 어떤 생각이 들었는지 이야기해 봅시다.

② 돈을 구걸하는 노숙인을 만난다면 나는 어떻게 행동할지 이야기해 봅시다.

2. 나눔의 시 1: 나눔의 확장

> **시민의 나눔 1**
>
> 유범상
>
> 불쌍한 사람을 도우면
> 누구는 미담의 주인공이 되고
> 누구는 희생양이 된다
>
> 그런데 아는가
>
> 불쌍한 사람이 생기지 않는
> 공동체에서는
> 모두가
> 그냥 사람이다

① 시에 표현된 미담의 주인공과 희생양이 의미하는 것은 무엇인지 이야기해 봅시다.

② 시에 표현된 불쌍한 사람이 생기지 않는 공동체란 어떤 사회를 의미하는지 이야기해 봅시다.

③ 시에서는 불쌍한 사람을 도와주는 나눔과 불쌍한 사람이 생기지 않도록 공동체를 변화시키는 나눔에 대해 말하고 있습니다. 두 가지 나눔을 비교하여 이야기해 봅시다.

실천 나눔_나눔은 권리다

나눔은 시혜와 자선으로 이해되는 경향이 있다. 하지만 시민권의 이론에서 볼 때 위험에 처한 시민은 누구나 최소한의 안전을 요구할 권리를 가진다. 따라서 빵을 얻는 것이 시민의 권리임을 자각하고, 요구하고, 관철해야 한다.

활동 1. 자식은 그래도 자식이다

렘브란트, 〈돌아온 탕자〉, 1669, 캔버스에 유채.

〈돌아온 탕자〉는 렘브란트가 성경의 '탕자의 비유'를 주제로 하여 그린 작품이다. 작품의 왼쪽에 표현된 노인과 그 앞에 무릎을 꿇은 남루한 차림의 청년은 부자지간이다. 돈을 가지고 집을 나갔던 청년은 재산을 탕진하고 집으로 돌아온다. 노인은 돌아온 청년(탕자)을 반기며 하인들에게 말한다.
"제일 좋은 옷을 내어다가 입히고 손에 가락지를 끼우고 발에 신을 신겨 주어라. 그리고 살진 송아지를 끌어다가 잡아라. 우리가 먹고 즐기자. 잃었던 아들을 다시 찾았다."
작품에서 노인과 탕자를 굳은 표정으로 바라보며 서 있는 사람은 노인의 큰아들이다.
큰아들은 재산을 탕진하고 돌아온 동생이 왜 환영받는지 이해할 수 없어 이 상황이 못마땅하다.

① 노인은 아들이 한 짓이 아무리 미워도 최소한 먹여 주고, 입혀 주고, 재워 주어야 한다고 말합니다. 만약 내가 노인이라면 돌아온 아들을 어떻게 맞이하였을지 이야기해 봅시다.

② 노인이 탕자인 아들을 환영한 이유는 무엇인지, 그리고 큰아들을 어떻게 설득했을지 이야기해 봅시다.

활동 2. 국가는 어디까지 책임져야 하는가

1. 베버리지의 5대 악에 대한 책무

베버리지는 국가가 결핍, 무지, 질병, 불결, 나태 등 5대 악으로부터 시민을 지켜야 한다는 주장을 담은 보고서를 작성합니다. 즉 국가가 소득보장, 의무교육, 공공의료, 공공주택, 완전고용을 책임져야 한다는 것입니다. 「베버리지 보고서」는 영국 사회보장제도의 기초가 되었고, 서유럽과 북유럽 등 복지국가의 기준이 되었습니다.

베버리지의 5대 악: 결핍(want), 무지(ignorance), 질병(disease), 불결(squalor), 나태(idleness)

① 「베버리지 보고서」가 실현된다면 우리의 삶이 어떻게 달라질지 이야기해 봅시다.

② 베버리지의 입장에서 한국의 복지제도를 평가해 봅시다.

③ 5대 악을 막기 위해 필요한 재원을 어떻게 마련해야 하는지 나눔의 관점에서 이야기해 봅시다.

④ 오늘날 국가가 가장 시급하게 막아야 할 악은 무엇인지 이야기해 봅시다.

2. 나눔의 시 2: 나눔의 권리

시민의 나눔 2

유범상

배부를 권리는 없을지라도
배고프지 않을 권리가 있고

건강을 잃어도
다 잃지 않아야 해

이 땅의 어떤 생명일지라도

① "배부른 돼지가 아니라, 배고픈 소크라테스가 되겠다."라는 말이 있습니다. 나는 배부른 돼지와 배고픈 소크라테스 중 무엇이 되고 싶은지 이야기해 봅시다.

② "건강을 잃으면 다 잃는다."라는 말이 있습니다. 반면 이 시에는 "건강을 잃어도 다 잃지 않아야 해"라는 구절이 있습니다. 이 표현에 담긴 의미는 무엇인지 이야기해 봅시다.

3. 통과 사람

통 안에서 잘 적응하는 사람이 있습니다. 반면 적응하지 못하고 통 안에서 쓰러지거나 통 밖으로 튀어나오는 사람도 있습니다.

① 주어진 환경에 잘 적응하는 사람들에 대해 이야기해 봅시다. 어떻게 하면 잘 적응하고 살 수 있을까요?
② 주어진 환경에 적응하지 못하는 사람들에 대해 이야기해 봅시다. 무엇이 문제일까요?

지금까지는 개인의 문제라는 관점에서 바라보았습니다. 적응과 부적응의 원인이 개인이나 가족에게 있다고 생각한 것입니다. 그런데 발상을 바꾸어 이들이 있는 통을 넓혀 봅시다.

③ 통을 넓히면 어떻게 달라질지 이야기해 봅시다.
④ 통을 넓힌다는 것은 무엇을 의미하는 것인지 이야기해 봅시다.
⑤ 의료나 교육이 무상으로 제공된다면 자신의 삶이 어떻게 달라질지 이야기해 봅시다.

상상 나눔_나눔은 연대다

나눔의 권리를 알고, 요구할 수 있다. 나눔은 소득 이전을 포함한 사회정책을 통해 이루어지고, 사회정책을 관철하기 위해서는 권력이 필요하다. 따라서 자율적으로 연대하여 공동체의 문제를 해결하는 의식과 능력, 즉 시민력이 있을 때 권리의 실현도 가능하다.
나눔은 권리의 실천이다.

활동 1. 근로계약서를 쓰지 못하는 아이들

> 청소년들에게 인권교육을 실시하면서 아르바이트를 할 때 반드시 최저임금을 보장받고 근로계약서를 쓰라고 가르친다. 청소년들은 과연 근로계약서를 쓸 수 있을까? 안타깝게도 대부분의 청소년들이 고용주에게 근로계약서에 대한 이야기를 꺼내지도 못하는 것이 현실이다.

① 청소년들이 인권교육에서 배운 대로 근로계약서 작성을 요구하는 것이 현실에서 불가능한 이유는 무엇인지 이야기해 봅시다.

② 권리를 보장받아야 한다는 것을 알면서도 권리를 요구하지 못하는 사례를 찾아 써 봅시다.

활동 2. 「베버리지 보고서」와 시민들의 연대

1. 이상을 일상으로 만든 「베버리지 보고서」

> 1945년 종전 후 전쟁 영웅이었던 처칠은 선거에서 크게 패배하였다. 「베버리지 보고서」를 거부한 것이 패배의 이유로 거론되었다. 제2차 세계대전 당시 영국의 시민들은 전쟁 중임에도 불구하고 「베버리지 보고서」를 사기 위해 줄을 서고, 도서관과 방공호에서 토론을 하였다. 그들은 전후 복지국가에 대해 크게 기대하고 있었다.

① 복지국가의 등장에는 시민들의 역할이 컸습니다. 시민력을 형성한 요인이 무엇이었는지 이야기해 봅시다.

② 내 주변의 시민력을 향상시킬 수 있는 방법에 대해 이야기해 봅시다.

2. 나눔의 시 3: 나눔의 정치

시민의 나눔 3

유범상

배가 고프다
물고기를 주면서 말했다
성실하고 근면해야 돼

또 배가 고프다
이번엔 그물에다 물고기 잡는 방법까지 내어 주었다
여기까지야, 해 줄 수 있는 것이.

다짐하듯 말했다

또 배가 고플 것이다
물고기 잡는 면허를 얻기까지는,
그.의. 어.장.에.서.

쉽지 않을 것이다
물고기를 준, 비법을 준, 그리고 그물까지 준,
그와
맞서는 것이.

빵보다 권리를!
권리는,
권력과 함께라야
살아 숨 쉰다.

① 시에서 배고픈 사람에게 물고기를 잡아 주거나 물고기 잡는 방법을 가르쳐 주어야 한다고 표현된 구절을 찾아 밑줄을 긋고, 그 의미에 대해 이야기해 봅시다.

② "권리는, 권력과 함께라야 살아 숨 쉰다."라는 표현에 담긴 의미가 무엇인지 이야기해 봅시다.

③ 나눔을 권리의 관점에서 보면 "나눔은 정치다."라는 말이 성립될 수 있습니다. 그 이유에 대해 이야기해 봅시다.

02

빈곤의 역사를 통해 본 나눔

이현숙 한국방송통신대학교 교수

- 가난은 나라님도 구하지 못한다?
- 빈곤의 책임은 역사에 따라 다르다
- 가난은 사회가 구한다

빈곤을 어떻게 생각하느냐에 따라 나눔도 달라진다.
역사 속 빈곤에 대한 인식이 변화함에 따라 나눔의 실천도 달라졌다.
이는 가난을 바라보는 관점과 권력의 핵심 지지 세력이 달랐기 때문이다.
중세시대에는 빈곤을 운명으로 받아들였고, 산업화 초기에는 빈곤을
게으름의 결과로 인식하였다. 그러나 1942년 이후, 빈곤은 사회적 위험 때문에
발생하므로 국가가 책임져야 한다는 인식이 생겨났다. 이런 새로운 관점과
시민 세력의 형성은 국가가 가난을 책임지는 사회로 이끌었다.

질문 나눔_가난은 나라님도 구하지 못한다?

"가난은 나라님도 구하지 못한다."라는 속담은 가난한 살림을 돕는 것은 끝이 없는 일이라 나라의 힘으로도 구제하지 못한다는 의미를 담고 있다. 개인의 노력과 자활을 통해 가난을 해결해야 한다는 것이다. 그러나 역사는 나라만이 가난을 구제할 수 있음을 보여 주고 있다. 가난은 나라님도 구하지 못한다는 속담을 당연한 사실로 받아들이지는 않았는지 생각해 보자.

활동 1. 가난은 나라님도 구하지 못하는가

① 가난과 관련된 속담을 조사하여 써 봅시다.

② 조사한 속담에 어떤 의미가 담겨 있는지 써 봅시다.

③ "가난은 나라님도 구하지 못한다."라는 속담의 의미를 생각해 보고, 이 속담에 대해 어떻게 생각하는지 자신의 의견을 써 봅시다.

활동 2. 가난은 나라만이 구할 수 있다

1. 무슨 제도일까?

> 조선 중기인 광해군, 숙종 시기에 공물로 바치던 각 지방의 특산물을 쌀로 통일하여 바치게 한 납세제도이다. 이 제도가 전국적으로 실시된 뒤 토지 1결당 쌀 12말을 징수하도록 세액을 통일하였다. 또한 불가피한 경우나 쌀이 생산되지 않는 산간 지방에서는 쌀 대신 삼, 무명, 돈으로 대납할 수 있게 하였다.

① 어떤 제도에 대한 설명입니까?

② 위에서 설명한 제도에 대한 자신의 찬반 입장을 정하고, 그 이유를 함께 써 봅시다.

자신의 입장	
이유	

2. 최고의 개혁

지식채널e 〈최고의 개혁〉을 시청해 봅시다.

① 영상에서 대동법을 찬성한 입장과 반대한 입장의 근거를 각각 찾아 써 봅시다.

찬성	반대

② 대동법에 대해 어떻게 생각하는지 자신의 의견을 써 봅시다.

활동 3. 책 속의 책 『힐튼호텔 옆 쪽방촌 이야기』

『힐튼호텔 옆 쪽방촌 이야기』는 서울역과 힐튼호텔 사이에 위치한 '양동 쪽방촌' 주민들과의 인터뷰를 통해 그들의 삶을 기록한 책입니다. 가난한 집에서 태어나 배고픔과 미래가 없는 삶에서 탈출하고자 무작정 상경한 그들은 아무리 열심히 일해도 거리와 쪽방을 오가는 가난의 굴레에서 벗어날 수 없었습니다.

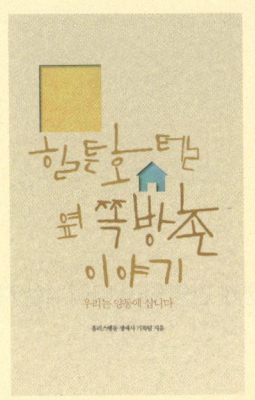

"내가 생각해도 대단해요. 살아 있는 게. 이제는 방이라도 하나 있으니까 그럴 일 없죠. 그땐 쪽방도 몰랐고, 그렇게 살 줄 밖에 몰랐어요. 지금도 그냥 딱 요만큼 살면 돼요."(이석기 구술)

"내가 치아가 일찍부터 망가졌어요. 나 같은 사람이 몸 관리, 이빨 관리 그런 걸 하고 살 새가 있었겠어요?"
(권용수 구술)

"장사 4년 정도하니까 IMF가 왔어. 식용유 한통에 1만 5000원 하던 게 4만 원 하고, 밀가루 한포 1만 7000원 하던 게 3만 원, 4만 원 가고 … 그래 갖고 그냥 포기했어, 내 장사 접고 일하러 다녀야지 뭐. … 전에 같이 종업원으로 일했던 사람이 종각 중국집을 차려서 날 부른 거여. 2년 가까이 일했는데 거기도 쫓겨나왔어. 건물 주인이 나가라 이거여. … 그 사장은 그 자리에서 한 6년 정도 장사한 건데 지금은 나랑 똑같이 남대문시장에서 일당 다녀."(문형국 구술)

쪽방 사람들은 대부분 출생부터 빈곤했다. 가족 말고는 어떤 발판도 없는 사회에서 어쩌다 보니 '없는 집'에서 태어났다.(기록팀 최현숙)

① 책의 제목을 읽고 어떤 생각이 들었는지 이야기해 봅시다.

② 쪽방촌 사람들의 삶에 대해 생각해 보고, 가난의 원인이 무엇인지 써 봅시다.

③ 문형국 씨의 이야기를 중심으로 한국 사회의 특징이 가난에 어떻게 반영되어 나타나는지 이야기해 봅시다.

④ 책을 읽고 가난에 어떻게 대응해야 할지 자신의 생각을 써 봅시다.

실천 나눔_빈곤의 책임은 역사에 따라 다르다

빈곤에 대한 인식과 대응은 시대마다 달랐다. 신 중심의 중세시대에는 빈곤을 운명으로 인식했고, 귀족이나 영주들은 빈민들에게 자선을 베풀면 천국에 갈 수 있다고 믿었다. 산업화 초기에는 열심히 일하면 빈곤을 면할 수 있다고 믿었기 때문에 빈곤을 게으른 개인의 책임으로 인식하였다. 그러나 1942년 이후부터는 빈곤을 개인의 문제가 아닌 사회구조적 문제로 인식하였다. 빈곤의 역사를 통해 빈곤을 어떻게 인식하고 대응할지 생각해 보자.

활동 1. 빈곤은 운명이다

1. 중세시대 빈곤에 대한 인식

바르톨로메 에스데반 무리요, 〈[   ] 알카리의 성 디에고〉, 1646년경, 캔버스에 유채.

02. 빈곤의 역사를 통해 본 나눔

① 작품에 어떤 이야기가 담겨 있을지 상상하여 제목의 빈칸을 완성해 봅시다.
② 작품 속 빈민들은 어떤 사람들일지 이야기해 봅시다.
③ 작품 속 빈민들에게 어떤 공통점이 있을지 생각하여 써 봅시다.

2. 중세시대 빈곤의 유형

중세시대의 빈곤은 베드로형 빈민과 나사로형 빈민으로 구분할 수 있다. 베드로형 빈민은 자발적으로 빈곤을 선택한 자들로 성직자가 이에 속한다. 베드로형 빈민은 예수의 삶을 지향하며 가진 것을 내려놓고 스스로 빈곤하게 살아간다. 또한 빈곤의 고통을 묵묵히 받아들인다. 나사로형 빈민은 성서에 등장하는 병든 거지 나사로를 상징하는 것으로 세속적 빈곤을 의미한다. 재물에 대한 욕구가 있으나 이를 충족하지 못해 빈곤한 삶을 살아가는 사람들로 비자발적 빈민이다.
12세기 교회법 학자인 후구치우스는 빈곤을 운명으로 받아들이는 이는 정신적 풍요를 누릴 수 있지만 그렇지 못한 이는 불유쾌한 고통으로 받아들인다고 하였다.

① 베드로형 빈민과 나사로형 빈민의 특징을 구분하여 써 봅시다. 이렇게 구분하는 것은 어떤 의미가 있는지 이야기해 봅시다.

베드로형 빈민의 특징	나사로형 빈민의 특징

② 중세시대의 빈곤에는 어떤 의미가 있는지 이야기해 봅시다.

3. 중세시대 빈곤에 대한 대응

"부자는 천국에 들어가기가 어려우니라. 다시 너희에게 말하노니 낙타가 바늘귀로 들어가는 것이 부자가 하느님(하나님)의 나라에 들어가는 것보다 쉬우니라."

① 위 문장에 담긴 의미는 무엇인지 생각하여 써 봅시다.

② 중세시대에는 빈곤을 해결하기 위해 어떻게 대응했을지 생각하여 써 봅시다.

4. 자선의 유형

피터르 브뤼헐, 〈7가지 자선〉, 16~17세기, 패널에 유채.

① 작품에 나타난 7가지 자선 행위를 찾아 써 봅시다.

② 작품 속 7가지 자선 행위로 빈곤을 해결하는 것이 가능하다고 생각하는지 자신의 의견을 써 봅시다.

활동 2. 빈곤은 죄악이다

1. 절대군주의 빈곤 대응

소시 가워, 〈아르마다 초상화〉, 1588년경, 패널에 유채.

① 작품 속 인물이 누구인지와 그에 대해 알고 있는 정보를 모두 써 봅시다.

② 위 인물이 만든 구빈법은 대상에 따라 처우를 달리했습니다. 어떤 기준으로 대상을 구분했는지 조사해 봅시다.

2. 책 속의 책 『왕자와 거지』

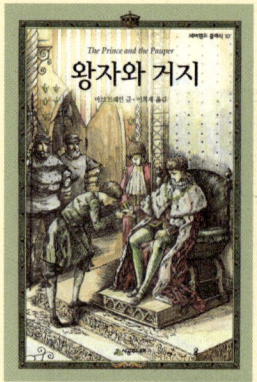

"자투리만한 땅을 부쳐 먹고 살던 농부들이 그 땅에서 쫓겨나서는, 주린 배를 움켜쥐고 구걸을 다니는 백수 건달 신세가 되었지. 그 땅은 양을 치는 목장으로 바뀌었다나? 구걸하러 다니다가 걸리면 웃통을 드러낸 채 마차 꽁무니에 묶여 채찍질을 당했지. 피가 나올 때까지 말이야. 그러고는 족쇄에 끼워져 내동댕이쳐졌지. 다시 구걸을 하다가 걸리면 또 채찍질을 당하고, 한쪽 귀까지 잘리는 신세가 되는 거야. 오죽하면 구걸하러 나섰겠냐고! 구걸을 하다 세 번째로 걸리면, 시뻘겋게 달군 쇠로 뺨에 낙인이 찍히고 노예로 팔려 가지. 그래도 도망이라도 치면 어떻게 되는지 알아? 도망치기도 어렵지만, 만약 도망친다고 하더라도 악착같이 쫓아와서 목을 매다는 거야."

① 글에 나타난 가난한 사람들의 모습과 사회의 대응 방법에 대해 어떻게 생각하는지 자신의 의견을 써 봅시다.

② 글에 나타난 가난한 사람들에 대한 처우와 현대사회의 가난한 사람들에 대한 처우를 비교하여 비슷한 점과 다른 점을 써 봅시다.

활동 3. 빈곤은 사회가 책임져야 한다

1. 「마이너리티 리포트」와 「베버리지 보고서」

지식채널e 〈마이너리티 리포트〉를 시청하고, 다음 글을 읽어 봅시다.

> 1905년 가난을 구제할 방법을 찾기 위해 정부의 주도하에 위원회가 구성되었고, 그중 한 사람이었던 비어트리스 웹은 보고서 「마이너리티 리포트」를 통해 국가가 주도적으로 가난을 구제해야 한다는 제안을 한다.
> 그러나 수백 년 동안 변치 않은 영국 시민들의 가난에 대한 가치관 탓에 이 보고서는 채택되지 못하고 아이디어로 머문다. 당시 비어트리스의 조사원으로 일했던 베버리지는 30년 후 사회보장제도에 관한 보고서, 일명 「베버리지 보고서」를 제출한다.
> 전 국민 대상의 보편적 복지를 국가의 역할로 규정한 「베버리지 보고서」의 출발점은 30여 년 전 제시된 「마이너리티 리포트」였다. 한때 이상으로 여겨졌던 「마이너리티 리포트」는 현대 복지국가의 기틀이 된 위대한 문서였다.

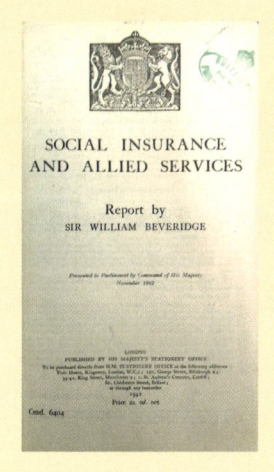

> 사회정책의 형태에 관하여 영국에서 그토록 많은 공공토론이 벌어진 것은 전무후무하였다. … 수주일의 시간이 흐를수록 50~60명 규모의 집단들이 영국 전역의 술집, 교회, 학교강당에서 등화관제나 때때로 폭탄도 무서워하지 않고 '사회보험 제안은 과부들에게 형평한 것일까?, 노인에게는, 장애인에게는?'이란 주제를 토론하기 위하여 만났다. '아파트냐 아니면 주택이냐? 의사는 보건서비스에 가입해야 하는가, 아닌가? 우리는 3각 체계의 교육서비스를 원했는가? 실업은 진정으로 치유될 수 있는가?' 「베버리지 보고서」는 하지 않으면 안 되는 첫 단계 조치가 된 것이다.

① 당시 영국 시민들이 빈곤을 어떻게 인식하고 있었는지 이야기해 봅시다.

②「마이너리티 리포트」와「베버리지 보고서」의 차이는 무엇인지 써 봅시다.

③ 영국 시민들이「베버리지 보고서」에 열광한 이유는 무엇인지 이야기해 봅시다.

④ 빈곤 정책이 바뀌기 위해서 중요한 것은 무엇인지 이야기해 봅시다.

2. 빈곤의 역사

① 시대별로 빈곤에 대한 인식과 대응이 어떻게 변해 왔는지 정리해 봅시다.

② 나는 빈곤을 어떻게 인식하고 있고, 어떻게 대응하고 싶은지 자신의 생각을 써 봅시다.

상상 나눔_가난은 사회가 구한다

국가가 빈곤을 구제하는 것이 일상이 된 사회를 복지국가라고 한다.
복지국가 이면에는 시민의 공론장인 학습동아리가 있다. 시민들은 학습동아리에서
빈곤에 대해 토론하고 어떤 나눔을 실천할 것인지 논의했다. 서로 소통하며
빈곤의 문제를 연민이 아닌 공감으로 인식한 시민들이 있었기 때문에
빈곤을 구제하는 복지국가가 탄생할 수 있었다.

활동 1. 빈곤에 대응하는 두 실천

1. 빈곤을 해결하기 위한 두 가지 실천

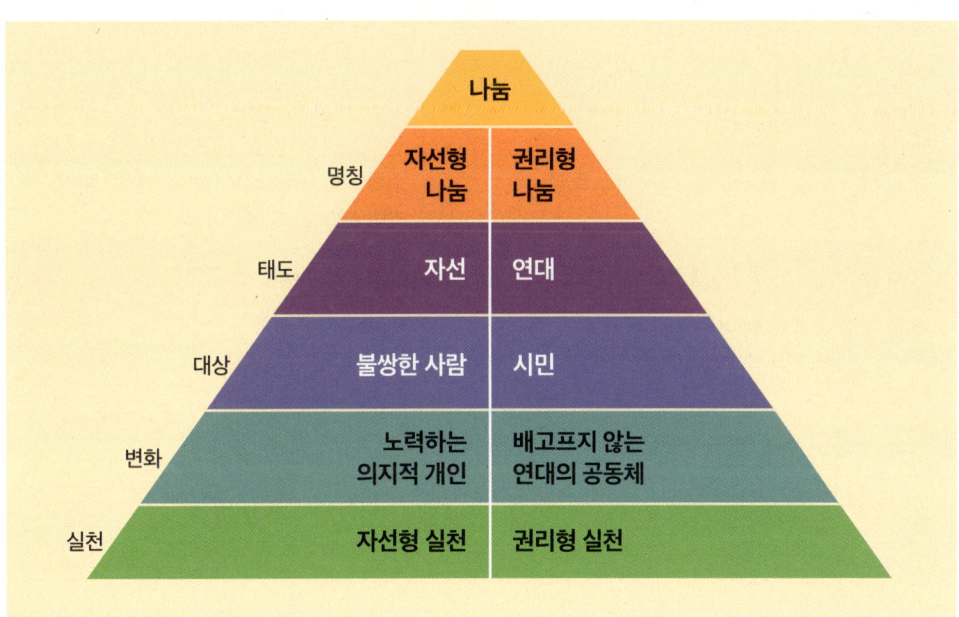

① 빈곤을 해결하기 위한 두 가지 실천이 각각 무엇이고, 어떻게 다른지 이야기 나눠 봅시다.

② 자선형 실천과 권리형 실천의 사례를 각각 조사하여 써 봅시다.

자선형 실천	
권리형 실천	

2. 빈곤에 대응하는 역사 속 두 실천

구분	자선조직협회	인보관
문제의 원인	개인	지역, 환경과 구조
참여자	상류층의 우애방문원	교육받은 중류층과 지역 주민
목표	자선을 통한 빈민 구제, 빈곤자 조사, 빈민 개조	기존 제도와 질서 비판, 사회개혁, 협동과 연대를 통한 문제해결
실천	기존 기관들의 서비스 조정	주민 교육, 주민의 문제 대처 능력 향상, 주민 상호 관계 향상 노력
영향	사회복지협의회, 공동모금으로 발전	사회개혁, 사회운동으로 발전
등장 연도	1869년	1884년

① 표로 구성된 두 실천의 차이점은 무엇인지 써 봅시다.

② 두 실천 중 자선형 실천과 권리형 실천에 해당하는 것은 각각 무엇인지 이야기해 봅시다.

③ 두 실천 중 어떤 실천을 하고 싶은지 이야기해 봅시다.

활동 2. 빈곤에 대한 국가적 대응

1. 개인의 집 vs 국민의 집

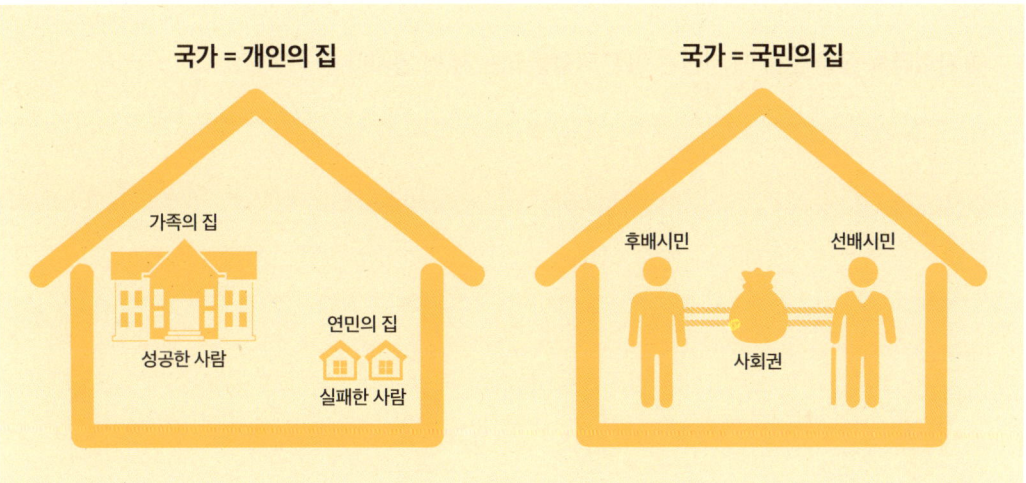

① 개인의 집과 국민의 집은 어떤 차이가 있는지 이야기해 봅시다.

② 국민의 집이 되기 위해서 필요한 것은 무엇인지 생각하여 써 봅시다.

2. 집을 만드는 사람들

① 그림이 무엇을 의미하는지 생각하여 이야기해 봅시다.

② 사회라는 집을 만들 때 시민은 어떤 역할을 하는지 써 봅시다.

활동 3. 국민의 집과 학습동아리

1. 국민의 집

지식채널e 〈국민의 집〉 1, 2부를 시청해 봅시다.

"국가는 모든 국민들을 위한 좋은 집이 되어야 한다. 그 집에서는 누구든 특권 의식을 느끼지 않으며 누구도 소외되지 않는다."
국민의 집, 이는 23년간 11번의 선거에서 승리한 최장수 총리이자 스웨덴 국민의 아버지인 엘란데르 총리가 완성한 복지 이념이다. 저주받은 돌부리의 나라에서 세계에서 가장 잘 사는 나라, 모든 국민이 다 함께 잘 사는 나라가 된 스웨덴의 총리는 그렇게 국민의 집을 완성하였다.

① 국민의 집에는 어떤 의미가 담겨 있는지 생각하여 써 봅시다.

② 스웨덴에서 국민의 집이 완성될 수 있었던 이유를 이야기해 봅시다.

2. 학습동아리

학습동아리(Study Cicle)는 스웨덴의 대표적인 학습 공동체로, 1902년 오스카 올슨에 의해 시작되었다. 그는 사회교육의 모토를 '국민을 위한, 국민에 의한 교육'으로 정하고 성인교육의 성공적인 발전을 위해서는 시민들이 스스로 학습동아리를 조직하고 지지해야 한다고 주장했다.

학습동아리는 시민들이 함께 만들어 가는 학습법으로, 자신의 경험과 지식을 서로 나누며 그 안에서 배움을 얻는다. 3명 이상의 사람이 모이면 누구나 학습동아리를 조직할 수 있고, 구성원 중 한 사람을 리더로 선정하여 책이나 사회 이슈를 골라 자유로운 토론을 하는 방식으로 운영된다. 최소 9시간 이상 학습을 지속하면 정부로부터 재정적인 지원을 받을 수 있다.

100여 년의 역사를 가진 학습동아리의 발전과 성장은 정부의 지원이 있었기 때문에 가능하였다. 스웨덴에는 국립 성인교육위원회 산하 10개의 학습동아리 운영 조직이 있다. 2019년에는 260,000개 이상의 학습동아리가 조직됐으며, 100만 명이 넘는 사람들이 다양한 교육활동에 참여하고 있다.

스웨덴의 학습동아리는 시민들로 하여금 스스로 국가나 지역사회의 문제를 깊이 이해하고 참여하도록 만드는 시민의 장이다. 시민에게 학습 기회를 제공할 뿐만 아니라 민주주의 정착에도 기여하였다.

스웨덴의 전 총리 올로프 팔메는 한 연설에서 학습동아리가 스웨덴의 사회 변화를 이끈 원동력이라고 강조하였다. 1980년대 이전에는 학습동아리가 '어떻게 삶의 문제를 해결할 것인가'를 논의하는 정치 토론의 장이었다면, 1980년대 이후부터는 인간다운 기본적인 삶의 문제에서 '어떻게 삶을 흥미롭게 할 것인가'라는 취미 및 생활지식 등의 주제로 확장되었다. 스웨덴이 복지국가로 성장한 이면에는 '학습동아리 민주주의'가 있었다.

① 학습동아리의 긍정적인 효과를 찾아 써 봅시다.

② 내가 학습동아리를 만든다면 어떻게 만들지 생각하여 작성해 봅시다.

학습동아리의 명칭	
목적	
운영 원칙	

03

능력주의와 나눔

배혜선 인천국제고등학교 교사

- 능력주의 사회에서는 어떤 일이 일어나는가?
- 능력주의의 공정과 문제점
- 능력주의의 대안 상상하기

능력주의(Meritocracy)란, 출신이나 가문 등이 아닌 개인의 능력과 노력에 따라 평가받거나 보상받는 사회를 추구하는 원칙이다. 능력주의 사회에서는 열심히 노력하면 누구나 성공할 수 있다. 그래서 사람들은 능력주의 시스템이 공정하며, 평등한 기회가 보장된다고 믿는다. 그런데 과연 능력은 나 혼자만의 노력의 결과일까? 능력주의에 대해 다시 한 번 생각해 보고, 성공한 사람과 실패한 사람이 함께 나누며 연대할 수 있는 방법, 능력주의를 보완할 수 있는 방법에 대해 고민해 보자.

질문 나눔_능력주의 사회에서는 어떤 일이 일어나는가?

능력주의는 사회적 지위나 부가 주어질 때 개인의 능력을 최우선해야 한다는 정치철학이다. 우리 사회는 자유롭게 경쟁한 결과에 따른 보상을 공정하고 정의롭다고 여긴다. 능력에 따른 배분은 과연 공정하고 정의로운 것인지 생각해 보자.

활동 1. 신분제 사회 vs 능력주의 사회

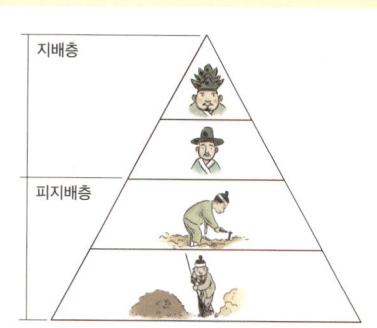

두 사회가 있다. 하나는 태어남과 동시에 계급이 정해지는 신분제 사회이고, 다른 하나는 능력에 따라 계급이 달라지는 능력주의 사회다. 두 사회 모두 상류층으로 살게 해 준다면, 당신은 어느 사회를 택하겠는가? 신분제 사회를 선택한 사람들은 양반·귀족 신분으로 노력하지 않아도 편하게 특권을 누릴 수 있기 때문에 선택했을 것이다. 반면 능력주의 사회를 선택한 사람들은 태어나면서부터 주어진 특권보다 재능과 노력으로 쟁취한 승리가 더 떳떳하고, 경제적 부와 함께 능력, 사회적 지위까지 얻을 수 있기 때문에 선택했을 것이다. 일반적으로 태어나면서 가지게 되는 신분제적 특권과 달리 능력주의적 성공은 스스로의 힘으로 성취했다는 인식을 심어 준다.

신분제 사회와 능력주의 사회 중 내가 선택하고 싶은 사회와 그 이유를 써 봅시다.

활동 2. 개천에서 용 나는 것이 가능한가?

"개천에서 용 난다."

이 속담은 보잘 것 없는 배경의 사람이 노력 끝에 신분 상승을 한 경우를 가리킨다. 많은 사람들이 신분 계층이동에 필요한 것은 교육이라고 생각했다. 그러나 지금은 개천에서 용이 나는 것이 가능하지 않은 사회이고, 교육도 계층이동의 사다리 역할을 하지 못한다고 생각하는 사람들이 많다. 이제는 더 이상 노력을 하기만 하면 보상이 뒤따르고, 노력으로 자신의 운명을 바꿀 수 있다고 생각하지 않는다.

속담 "개천에서 용 난다."는 실현 가능할까?

그렇다 11.7%
아니다 56.6%
모르겠다 31.7%

국민권익위원회(2020)

① "개천에서 용 난다."라는 속담이 현실적으로 가능하다고 생각하는지 자신의 의견을 써 봅시다.

② 교육이 계층이동의 사다리가 되어야 한다고 생각하는지 자신의 의견을 써 봅시다.

활동 3. 책 속의 영화 〈4등〉

준호는 수영을 좋아하고 재능이 있지만 대회만 나갔다 하면 4등을 벗어나지 못한다. 이런 아들이 못마땅하고 1등에 대한 집착을 버리지 못한 준호 엄마는 큰돈을 들여 새로운 수영 코치를 구한다. 코치는 '대회 1등은 물론, 대학까지 골라 가게 해 주겠다'고 호언장담하며 준호 엄마에게 연습 기간 동안 수영장 출입 금지 명령을 내린다. 의심 반, 기대 반의 시간이 지나고, 드디어 수영 대회에 출전한 준호는 1등과 0.02초 차이로 생애 첫 은메달을 목에 건다.

그날 저녁 가족들이 기뻐하며 모인 자리에서 동생이 해맑게 준호에게 묻는다. "형! 정말 맞으면서 연습해서 잘한 거야? 예전에는 안 맞아서 맨날 4등 했던 거야?" 동생의 말에 준호의 얼굴은 새파랗게 변한다. 그동안 코치는 성적을 올리기 위해 폭력적인 방식으로 훈련을 시켰고, 그로 인해 준호의 몸과 마음에는 시커먼 멍 자국만이 남았다. 준호 엄마는 그런 아들이 안쓰러웠지만 준호의 아픔을 외면했다. 아들이 상처받는 것보다 4등만을 하는 아들의 성적이 더 두려웠던 것이다.

① 영화를 보고 느낀 점을 써 봅시다.

② 능력주의 때문에 실패감을 느꼈거나 불편했던 경험에 대해 이야기해 봅시다.

실천 나눔 _ 능력주의의 공정과 문제점

세습이 아닌 평등한 기회와 공정한 과정 속에서 개인의 능력을 최우선으로 하여
사회적 신분이나 재산의 분배가 이루어진다면, 그 결과는 정의롭고 우리는 행복할까?
능력주의는 정말 공정한 것일까? 기회의 평등만을 추구하고 과정의 공정만을 논한다면,
성공한 사람은 오만해지고 실패한 사람은 패배감에 빠질 우려가 있다.

활동 1. 능력주의의 공정

1. 의사 파업과 공정

의사들은 2020년 '독단적인 의료 4대악 철폐를 위한 대정부 요구사항'을 발표하며 8월부터 9월까지 파업을 벌였습니다.

의료계가 집단 파업을 하는 명분으로 내세운 것은 4대악 의료 정책으로, 그중에서도 의대의 정원수를 매년 400명씩 증원한다는 정책과 의대가 없는 산간벽지 등에 공공의대를 설립하는 정책을 문제 삼았습니다. 정부의 의료 정책이 자신들의 이익을 해친다고 주장하기보다는 공정하지 않다고 주장합니다.

대한의사협회 산하 의료정책연구소는 의사 파업을 반대하는 분들만 풀어 보라며 '2020학년도 의료정책고사 문제지 공공의대 영역 무대뽀형'이라는 제목의 문제 4개를 제시하였습니다. 그중 두 문제를 풀어 봅시다.

문제 1

당신의 생사를 판가름 지을 중요한 판단을 받아야 할 때, 의사를 고를 수 있다면 둘 중 누구를 선택하겠습니까?

A. 정당한 경쟁과 입시 전형을 통해 꿈꾸던 의대에 진학한 의사

B. 선발 기준이 명확하지 않은 시민단체 추천으로 공공의대에 진학한 의사

문제 2

만약 두 학생 중 나중에 의사가 되어 각각 다른 진단을 여러분께 내렸다면 다음 중 누구의 의견을 따르시겠습니까?

A. 수능 성적으로 합격한 일반의대 학생

B. 시민단체장의 추천을 받아 시험을 치르지 않고 입학한 공공의대 학생

① 나의 관점에서 그리고 시민의 관점에서 어떤 의사를 선택할 것인지 이야기해 봅시다.

② 문제에 제시된 '정당한 경쟁과 입시 전형'이란, 오로지 수능시험 성적에 기반하는 것입니다. 의사들이 이것을 공정하다고 생각하는 이유는 무엇인지 써 봅시다.

2. 비정규직의 정규직화와 공정

2020년 6월, 청와대 국민청원 게시판에는 "공기업 비정규직의 정규직화 그만해 주십시오"라는 제목의 청원이 올라왔습니다. 인천국제공항공사 비정규직 보안 검색 요원 1900여 명을 정규직으로 전환하는 것을 반대한다는 내용을 핵심으로 한 이 글은 이른바 '인천공항 사태'의 시발탄이 되었습니다. 다음은 청원글의 일부입니다.

> 그간 한국도로공사, 철도공사, 서울교통공사 등 많은 공기업들의 비정규직 정규직화가 이루어졌습니다. 기간제로 뽑던 직무도 정규직으로 전환이 되고, 그 후에는 시위 등을 통해 기존 정규직과 동일한 임금 및 복지를 받고 있습니다. 사무 직렬의 경우 토익 만점에 가까워야 겨우 서류를 통과할 수 있는 회사에서, 비슷한 스펙을 갖기는커녕 시험도 없이 그냥 들어온 사람들이 이렇게 정규직으로 전환되는 것이 공평한 것인지 의문이 듭니다. 이번 전환자 중에는 알바몬 같은 아르바이트 취업 포털 등을 통해 들어온 사람도 많습니다.

① 비정규직과 정규직 간에는 임금, 노동강도, 노동조건 등의 차이를 보이는 것이 현실입니다. 이에 대한 자신의 의견을 이야기해 봅시다.

② 비정규직의 정규직 전환에 대해 공정하지 않다는 비판이 정의로운 것인지 토론해 봅시다.

활동 2. 능력주의의 이면: 토끼와 거북이

우화〈토끼와 거북이〉는 '자신의 능력만 믿고 남을 업신여기지 말라', 혹은 '비록 재주가 부족하더라도 열심히 노력하면 성공할 수 있다'는 교훈을 준다. 과연 그럴까? 다음 영상을 시청한 후〈토끼와 거북이〉이야기에 대해 다시 생각해 보자.

① 〈토끼와 거북이〉이야기에 대한 내 생각을 써 봅시다.

② 누가 토끼와 거북이에게 경주를 시켰는지, 그 이유는 무엇일지 생각하여 써 봅시다.

활동 3. 책 속의 책

1. 『공정하다는 착각』

『공정하다는 착각』은 누구나 노력하면 성공할 수 있다고 믿었던 능력주의가 불러오는 사회적 문제와 차별, 소득격차, 기회 불균형 등에 주목하고 있다. 미국 아이비리그 대학생 2/3 이상이 미국의 소득 상위 20% 이상인 가정의 출신이다. 프린스턴과 예일 대학에는 소득 하위 60% 이하인 가정의 출신 학생보다 상위 1%인 가정의 출신 학생이 더 많다고 한다. 대학진학에 부와 권력이 큰 영향을 미치고 있음을 보여 주는 사례다. 이는 비단 미국 사회만의 문제가 아니다. 우리나라에도 적용되는 이야기다. 기회는 누구에게나 공정하다고 하지만 이미 상위 계층의 학생과 하위 계층의 학생은 그 출발선이 다르고 운동장은 기울어져 있다. 흔히 기회는 열려 있다고 생각하지만 그것은 공정하다는 착각일 뿐이다. 이것은 단지 계층이동의 사다리가 예전 같지 않다는 의미만을 뜻하지 않는다. 갈수록 계층이동은 어려워지고 부의 편중은 가속화되고 있음을 의미한다.

저자는 능력주의의 문제점으로 성공한 사람에게는 오만을, 패자에게는 패배감을 주고 이는 공동체를 약화시킨다고 지적한다. 능력주의 사회에서는 성공이 나의 노력과 능력으로 성취한 것이고 그에 따른 성과와 보상을 당연하게 받아들인다. 그러나 예로 든 입시제도만 보더라도 본인 스스로의 능력과 노력만으로 이루어 낸 결과라고 할 수 있을까? 그 결과는 교사의 노력과 부모의 지원과 경제적 뒷받침이 있어 가능한 것이었다. 그래서 저자는 자신의 성공이 행운의 결과임을 인정하며 겸손함을 갖고, 서로에 대한 배려와 관심으로 무너진 공동선을 세워야 한다고 말한다.

① 저자는 능력주의가 공정하다는 생각은 착각이라고 비판하였습니다. 이 비판에 대해 어떻게 생각하는지 자신의 의견을 써 봅시다.

② 능력주의는 능력이 있는 사람에게 능력에 합당한 보상을 하는 대신 능력이 없는 사람에게는 불이익을 주는 것을 정당화합니다. 이에 대한 자신의 의견을 써 봅시다.

2. 『실력과 노력으로 성공했다는 당신에게』

한 개인이 성공하기 위해서는 무엇이 필요할까? 실력? 노력? 대부분의 성공한 사람들은 자신의 실력과 노력의 결과 성공이 찾아 온 것이라고 생각한다.

그러나 이 책에서는 실력과 노력 못지않게 행운도 중요한 성공 요인이라고 말하고 있다. 이는 성공을 위해 노력을 할 필요가 없다는 뜻이 아니다. 실력과 노력은 성공의 기본이며, 이에 더해 행운이 필요하다는 의미다. 성공한 사람들은 노력 뒤에 따른 행운을 자신이 누려 마땅한 권리라고 생각하며 가벼이 여기는 만큼, 타인의 불행을 당연하게 생각한다. 그리고 성공하지 못한 사람에게 노력이 부족했다는 말로 책임을 전가한다. 더 많은 노력을 했음에도, 충분한 실력을 갖추었음에도, 행운이 부족하여 성공에 이르지 못한 경우도 있는데 말이다.

성공에 영향을 미치는 중요한 요소인 '환경'은 실력이나 노력이 아닌 행운의 요소이다. 그렇다면 모두가 좋은 환경에서 태어나는 행운을 누릴 수는 없을까? 저자는 좋은 환경은 높은 수준의 공공 투자를 통해 만들 수 있다고 말한다. 공공부분에 대한 투자를 늘려 더 좋은 세상을 만들고 아이들에게 더 좋은 교육 기회를 제공하여 태어난 것 자체가 행운인 나라, 모두가 행운을 누릴 수 있는 사회가 되어야 한다고 저자는 주장한다.

① 저자는 실력과 노력만으로는 성공할 수 없고 그 이상의 운이 따라야 한다고 말합니다. 성공하기 위해서 어떤 운이 필요할지 자신의 생각을 써 봅시다.

② '능력'의 사전적 정의는 일을 감당해 낼 수 있는 힘입니다. 능력은 생득적으로 타고나는 것일지, 후천적인 노력으로 만들어지는 것일지 자신의 생각을 써 봅시다.

상상 나눔_능력주의의 대안 상상하기

노력을 해도 결과가 좋지 않은 사람들은 이생망(이번 생은 망했다), 불가항력, 포기 같은 단어를 쓰곤 한다. 그런데 그 결과에 우리를 둘러싼 사회구조의 영향은 없는지 먼저 살펴야 한다. 그리고 성공한 사람과 실패한 사람이 공동선을 이루며 함께 나누고 연대할 수 있는 방법, 능력주의를 보완할 수 있는 방법에 대해 고민해 보아야 한다.

활동 1. 능력주의를 극복하는 방법

1. 평등과 공평

평등(equality)과 공평(equity)은 다르다고 말합니다. 어느 쪽이 더 정의로운지 이야기해 봅시다.

평등   공평

평등은 차별 없이 똑같이 대하는 것이고, 공평은 다수의 약속 혹은 합의에 따라 개개인의 형편이나 처지, 능력에 맞게 어느 한쪽으로 치우치지 않도록 나누는 것이다. 예를 들어 초등학생 동생과 대학생인 형에게 똑같이 용돈을 준다고 했을 때, 나이나 처지, 형편 등에 상관없이 똑같이 만 원을 주는 것은 평등이다. 반면 형에게는 대학생에 걸맞은 용돈을 주고, 동생에게는 초등학생에게 걸맞은 용돈을 주는 것은 공평이다.

① 평등은 기회의 평등에 해당합니다. 기회를 평등하게 주면 능력이 있는 사람에게 유리합니다. 반면 공평은 출발선을 같게 하는 조건의 평등에 해당합니다. 두 개념 중 어느 쪽을 지지하는지, 그 이유는 무엇인지 이야기해 봅시다.

② 평등과 공평에 관한 앞의 두 그림처럼 본인이 생각하는 공정과 정의를 잘 표현할 수 있는 그림을 그려 봅시다.

2. 포도 농장 일꾼의 임금

어느 포도 농장의 주인이 일꾼을 구하러 인력시장에 나갔다. 아침 7시에 일꾼을 모아 1데나리온에 일하기로 계약하고 포도 농장으로 보냈다. 1데나리온은 한 가족이 하루를 살 수 있는 금액이다. 이어 9시, 12시, 오후 3시에도 각각 일꾼들을 같은 조건에 채용하여 포도 농장으로 보냈다. 오후 5시에도 인력시장에 가니 일을 구하려는 사람들이 있었다. 왜 아직도 일을 하러 가지 않았냐고 물으니 그들은 일을 주는 사람이 없어서라고 답하였다. 포도 농장의 주인은 그들도 같은 조건으로 채용하였다.
하루 일을 마치고 포도 농장 주인은 일꾼들에게 임금을 주었다. 모두 같은 1데나리온을 받자 아침 일찍 포도 농장에 와서 일한 일꾼들이 불평을 터트렸다.

① 포도 농장의 주인은 일을 얼마나 했는지 성과와 상관없이 모두에게 동일한 임금을 지급하였습니다. 농장의 주인은 어떤 원칙으로 임금을 지급한 것인지 이야기해 봅시다.

② 임금을 어떻게 지급하는 것이 공정하고 정의로운 분배 방식인지 자신의 생각을 써 봅시다.

활동 2. 능력주의의 대안

1. 동일노동 동일임금, 렌-마이드너 모델

① 자료에 제시된 노동자 A~D 중 누구의 임금이 가장 많을지 예상하여 많은 순서대로 써 봅시다.

② 스웨덴의 렌-마이드너 모델은 동일한 노동을 하면 동일한 임금을 받는 연대임금제도입니다. 이 연대임금제도의 장단점에 대해 써 봅시다.

③ 능력주의에 따르면, 정규직과 비정규직은 임금이 달라야 공정합니다. 연대임금제도는 동일한 노동을 하면 동일한 임금과 처우를 받도록 합니다. 어느 것이 정의일지 자신의 의견을 써 봅시다.

④ 우리 사회에도 렌-마이드너 모델을 적용할 수 있을지, 보완할 사항은 없는지 모둠별로 이야기해 봅시다.

활동 3. 책 속의 영화 〈반짝반짝 두근두근〉

영화 〈반짝반짝 두근두근〉의 일반 버전과 배리어 프리 버전을 모두 감상해 봅시다.

〈반짝반짝 두근두근〉은 배리어 프리(barrier-free) 영화이다. 배리어 프리는 장애인, 노인 등 사회적 약자에게 쳐진 물리적·심리적 장벽 등을 제거하자는 운동이다. 배리어 프리 영화는 장애와 상관없이 영화를 볼 수 있도록 시각 장애인을 위해서는 화면을 읽어 주는 음성 해설을, 청각 장애인을 위해서는 대사는 물론 음악, 소리 등을 자막으로 넣은 영화이다.

일반 버전   배리어 프리 버전

일반 버전   배리어 프리 버전

① 배리어 프리 버전의 영화를 관람한 느낌과 일반 버전의 영화를 관람한 느낌을 비교하여 이야기해 봅시다.

② 주변에서 이루어지고 있는 배리어 프리 운동을 찾아봅시다.

③ 배리어 프리와 같이 소외된 계층을 포용하고 연대하며 살아가기 위한 방법으로 유니버설 디자인(연령, 성별, 국적, 장애 등으로 제약받지 않고 누구나 편안하게 이용할 수 있도록 건축, 환경, 서비스 등을 계획하고 설계하는 것)이 있습니다. 주변에서 볼 수 있는 유니버설 디자인을 조사해 봅시다.

04

나눔의 정의를 찾아서

이세진 안산교육지원청 교육복지조정자

- 도움을 어떻게 바라볼까?
- 나눔을 정의하기 위한 여행
- 우리가 생각하는 나눔

어려움에 처한 사람을 어떻게 도와주는 것이 효과적일까? 경제적 지원을 해 주고 살 수 있는 보금자리를 만들어 주는 것이 최선의 도움일까? 정의가 무엇인지 생각하는 관점에 따라 나눔의 정의도 달라진다. 나눔은 경제적으로 자립한 성인만의 영역이 아니다. 나의 관점에서 나눔을 정의해 보자.

질문 나눔_도움을 어떻게 바라볼까?

때로는 익숙한 것들이 새롭게 보이기도 한다. 사물이나 사건을 바라보는 관점에 따라 다르게 보이고, 대응하는 생각과 행동도 달라질 수 있다. 어려움에 처한 사람을 돕는 나눔 역시 관점에 따라 방법이 달라질 수 있다. 내가 어떤 눈으로 세상을 바라보고 있는지 관점에 대해 생각해 보자.

활동 1. 여러 가지 관점

1. 자세히 보기

① 평소 익숙했던 동물이나 사물의 모습을 확대하여 자세히 들여다보면 새로운 모습을 발견할 수 있습니다. 제시된 사진을 보고, 그냥 보았을 때의 모습과 자세히 보았을 때의 모습이 어떻게 다른지 써 봅시다.

그냥 보았을 때

자세히 보았을 때

② 그냥 본 느낌과 확대하여 자세히 본 후의 느낌이 어떻게 변했는지 써 봅시다.

③ 내가 경험한 일들 중 그냥 바라봤을 때와 다른 관점에서 내면을 바라봤을 때 다르게 보였던 사건이나 사물, 사람 등의 경험을 떠올려 써 봅시다.

2. 정의의 여신

사람들은 정의의 여신이 있다면 어떤 모습일지 다양한 상상을 해 왔습니다.

> 정의의 여신은 눈가리개를 하고 오른손에는 칼을, 왼손에는 저울을 들고 있다. 칼은 정확한 판정에 따라 정의를 실현할 수 있는 강제성 있는 힘을 상징한다. 저울은 어느 한쪽으로 치우치지 않는 공평성을 상징한다.
> 정의의 여신이 하고 있는 눈가리개에는 정의와 불의를 판단함에 선입견이 없어야 한다는 의미가 담겨 있다.

① 정의의 여신의 모습에서 무엇이 느껴졌는지 써 봅시다.

② 정의로운 판단을 내리기 위해 정의의 여신에게 가장 필요한 것은 무엇일지 생각하여 써 봅시다.

3. 나의 눈가리개

① 정의의 여신이 하고 있는 눈가리개를 직접 만들어 봅시다.

준비물: 두꺼운 색지나 부직포, 사인펜, 고무줄, 꾸미기 재료 등

② 내가 만든 눈가리개가 편견 없는 공정한 판단을 하는 데 도움이 되는지 생각해 보고, 그 이유를 써 봅시다.

공정한 판단을 할 수 있다.

공정한 판단을 할 수 없다.

③ 공정한 판단에 방해가 되기 때문에 눈가리개를 써서 보고 싶지 않은 것이 있다면 무엇인지 써 봅시다.

활동 2. 친구들아 나를 도와주겠니?

1. 새미의 편지

> 친구들! 안녕?
> 나는 다람쥐 새미라고 해.
> 숲속 깊이 자리 잡은 우리 마을은 예쁜 꽃들이 만발한 아름다운 곳이야. 그리고 마음씨 좋은 어른들이 많이 살고 있어.
> 그런데 얼마 전 마을에 먹구름이 밀려오더니 몇 날 며칠 계속해서 비가 내렸어.
> 큰비로 인해 마을의 여러 집들이 물에 잠기거나 부서지는 피해를 입었어. 우리 집도 겨우내 먹을 식량을 보관하는 창고가 물에 잠겼단다.
> 엄마와 아빠는 마을을 살펴보신다고 나가신 이후 아직 돌아오지 않으셨어.
> 통신시설도 고장 나서 부모님과 연락이 되지 않고, 집에 혼자 있으니 걱정되고 무서워.
> 친구들아, 우리 마을을 도와줄 수 있을까?
> 새미가

① 새미의 편지를 읽고, 새미처럼 어려운 상황에 처했던 경험이 있는지 생각하여 이야기해 봅시다.

② 어려운 상황에 처한 새미를 도와줄 방법을 생각하여 써 봅시다.

2. 도움을 바라보는 두 가지 관점

돼지와 여우의 대화를 읽고, 누구의 의견이 마을에 도움이 될지 생각해 봅시다.

> **돼지** 큰일이에요. 비 때문에 식량이 물에 잠기거나 다 떠내려갔어요. 먹을 것이 하나도 남지 않아 걱정이에요. 아무래도 우리 힘으로는 이 문제를 해결하기 힘드니 이웃 마을에 도움을 청하면 어떨까요?
>
> **여우** 어렵다고 남에게 도움받을 생각만 하면 의존심만 생기고 혼자서는 아무것도 못하게 됩니다. 스스로 노력해서 어려움을 극복해 나가야 해요.

① 돼지의 의견이 마을에 도움이 된다고 생각하는 이유를 써 봅시다.

② 여우의 의견이 마을에 도움이 된다고 생각하는 이유를 써 봅시다.

실천 나눔_나눔을 정의하기 위한 여행

세상에는 다양한 '옳음', 즉 정의가 존재한다. 정의의 관점에 따라 나눔에 대한 생각과 실천 방법도 다르다. 각 동물들이 이야기하는 정의와 나눔에 대해 알아보고, 내가 생각하는 정의와 나눔은 무엇인지 고민해 보자.

활동 1. 나눔의 동기

새미는 정의의 여신의 부탁을 받고 정의를 찾아 여행을 떠납니다. 각자 역할을 맡아 역할극을 해 봅시다.

1. 사슴과의 만남

새미 안녕하세요? 저는 정의를 찾아 여행하는 새미예요. 혹시 정의에 대해 아세요?
사슴 왜 정의를 찾으려고 하니?
새미 정의의 여신이 정의를 찾아오라고 부탁했어요.
사슴 (실망한 표정을 지으며) 정의를 찾는 너의 이유에 실망했어. 누군가의 부탁 때문에 정의를 찾아서는 안 된단다. 동물이라면 누구나 올바른 정의에 도달하려고 노력해야 한단다. 그래서 나는 올바른 정의에 도달하기 위해 생각하는 것을 게을리하지 않는단다.

토끼 (급하게 달려와서) 살려 주세요! 호랑이가 쫓아와요!
　　　(간절한 목소리로 울먹거리며) 저를 숨겨 주시면 꼭 은혜를 갚을게요.
사슴 나는 그런 대가를 바라고 행동하지 않소! 그런 거라면 다른 동물에게 가 보시오!

토끼 (우는 목소리로) 죄송해요. 흑흑, 제가 워낙 급해서 실수를 했어요. 조건 없이 저를 숨겨 주세요!
사슴 그럼 내 양심에 따라 숨겨 주겠소. 저 뒤쪽으로 가시오.
토끼 감사합니다! 사슴님!
새미 (혼잣말로) 나는 엄마가 용돈을 주신다고 해서 심부름을 했는데, 대가나 이익을 바라지 않고 옳은 일을 하는 모습이 정말 멋지구나!

① 대가나 이익을 바라지 않고 부모님이나 친구를 위해 선행을 한 경험이 있는지 써 봅시다.

② 일상생활에서 대가나 이익을 바라지 않고 다른 사람을 도울 수 있는 일을 찾아 써 봅시다.

2. 착한 거짓말과 대가

토끼는 사슴이 알려 준 곳으로 달려가 몸을 숨긴다.
잠시 후, 토끼를 쫓던 호랑이가 달려온다.

호랑이 (사슴과 새미를 바라보며) 너희들 토끼 못 봤어?
 토끼가 어디로 갔는지 알려 주면 너희는 잡아먹지 않겠다. 어흥!
사슴 (무표정한 얼굴로 토끼가 숨은 방향을 가리키며) 저쪽으로 갔습니다.
호랑이 그래? 오늘 저녁은 토끼고기다! 어흥!

호랑이는 토끼가 숨은 쪽으로 달려간다.

새미 (화난 표정과 목소리로) 토끼가 숨은 곳을 사실대로 알려 주면 어떡해요? 왜 가르쳐 줬어요? 정말 실망이에요!
사슴 올바른 정의에 도달하려면 진실만을 말해야 한단다. 좋은 의도로 하는 착한 거짓말이라 하더라도 거짓말은 해서는 안 되는 것이란다. 내가 제일 싫어하는 말이 '결과적으로'라는 말이야. 결과는 중요하지 않아. 좋은 결과를 가져오더라도 과정이 좋지 않다면 그건 정의가 아니란다.

① 내가 사슴의 입장이라면 어떤 결정을 할지 선택하고, 그 이유를 함께 써 봅시다.

토끼가 있는 곳을 알려 주지 않는다(호랑이에게 거짓말을 한다).
이유

토끼가 있는 곳을 알려 준다(호랑이에게 진실을 말한다).
이유

② 다른 사람에게 도움을 주는 착한 거짓말은 옳은 것인지 옳지 않은 것인지 자신의 생각을 이야기하고, 다른 친구들의 이야기도 경청해 봅시다.

3. 사슴의 당부

진실만을 말해야 한단다. 착한 거짓말도 해서는 안 된단다.
어떤 행동을 할 때는 그 행동으로 인한 결과보다도 왜 하는지 동기가 더 중요하단다.

① 사슴의 당부를 듣고 어떤 생각이 들었는지 이야기해 봅시다.

② 사슴이 새미 마을을 도와준다면 어떤 마음을 가지고 도와주는 것인지 사슴의 동기를 쓰고, 친구들과 함께 이야기해 봅시다.

활동 2. 나눔과 효율

1. 너구리와의 만남

새미 여기가 너구리 마을이구나. 이 마을은 어떤 마을일까?

너구리가 즐거운 표정으로 지나간다.

새미 안녕하세요? 저는 정의를 찾아 여행하는 새미라고 해요. 여기는 어떤 마을인가요?

너구리 이곳은 마을에 사는 동물들의 즐거움과 효율성을 가장 중요하게 생각하는 마을이란다.

새미 효율이 무슨 뜻이에요?

너구리 원하는 결과를 얻거나 무언가를 하는 데 돈이나 시간 등을 보람있게 쓰는 것을 말한단다. 우리 마을은 되도록 더 많은 동물들이 즐거움과 행복을 효율적으로 누릴 수 있는 결정을 내리고, 그것이 정의롭다고 생각한단다.

새미 아하, 그렇군요. 즐거움과 행복이 가득한 마을이라니 정말 기대돼요.

① 내가 가장 즐거운 때는 언제인지 이야기해 봅시다.

② 친구들의 즐거움과 효율성을 높일 수 있는 놀이터를 상상하여 그려 봅시다.

2. 다수의 선택, 소수의 선택

새미는 너구리 마을에서 만난 친구들과 신나게 놀다 보니 배가 고파졌다. 친구들은 돈을 모아 떡볶이와 순대를 먹기로 하였다. 그런데 두 가지를 모두 사 먹기에는 친구들이 가진 돈이 부족했다. 친구들은 떡볶이와 순대 중 무엇을 먹을지 각자 의견을 말하였다.

돼지 우리 떡볶이를 먹는 것이 어때? 역시 간식은 떡볶이지.

병아리 나도 떡볶이! 세상에서 떡볶이가 제일 좋아.

강아지 좋아, 나도 떡볶이 먹는 거 찬성이야.

양 (속상한 표정으로) 나는 매운 음식을 못 먹어서 떡볶이를 못 먹어. 그러니 순대를 먹자.

돼지 너만 빼고 친구들이 모두 떡볶이를 먹자고 하잖아. 다수의 행복을 위해 네가 희생해.

강아지 맞아, 우리 마을의 원칙 알지? 최대 다수의 최대 행복!

양 (울먹이며) 그래, 알았어. 너희들끼리 먹어! 난 집에 갈래.

결국 양은 울면서 집으로 돌아가고, 다른 친구들은 떡볶이를 먹으러 갔다.

① 나는 어떤 간식을 선택하고 싶나요? (떡볶이, 순대)

② 내 의견과 달리 친구들이 (떡볶이/ 순대)를 먹기로 정한다면 기분이 어떨지 써 봅시다.

③ 내가 먹지 않는 (떡볶이/ 순대)를 선택한 친구에게 하고 싶은 말이나 행동을 쓰고, 그 이유를 이야기해 봅시다.

3. 너구리의 당부

결과를 보고 행위의 옳고 그름을 판단한단다. 최대 다수의 최대 행복!

많은 사람들이 행복한 것이 정의로운 것이고, 결과가 좋은 것이 중요하단다.

① 너구리의 당부를 듣고 어떤 생각이 들었는지 이야기해 봅시다.

② 너구리가 새미 마을을 도와준다면 어떤 방법으로 도와줄지 쓰고, 친구들과 함께 이야기해 봅시다.

활동 3. 나눔과 불평등

1. 하이에나와의 만남

새미 (두리번거리며) 와! 놀이공원이다. 프리패스는 기다리지 않고 탈 수 있다고? 좋다! 그런데 일반권은 삼만 원, 프리패스는 십만 원? 너무 비싸잖아.

여우 (반가워하며) 새미야, 안녕! 너 혼자 왔니? 넌 어떤 티켓을 샀어?

새미 (힘없는 목소리로) 나는 가진 돈이 부족해서 일반권을 사야 해.

여우 에이, 프리패스가 훨씬 좋은데…. 나는 프리패스 샀어. 재미있게 놀아.

새미 응, 너도 재미있게 놀아.

새미 (긴 줄에 서 있으며) 벌써 1시간이 지났는데 동물들이 너무 많아 놀이 기구를 하나도 못 탔네.
(이때 지나가는 여우를 발견하고) 어, 여우야?

여우 (반가운 목소리로) 새미야, 놀이 기구 많이 탔어? 나는 벌써 3개나 탔어.

새미 정말? 어떻게?

여우 나는 기다리지 않아도 되는 프리패스가 있잖아.

여우가 놀리듯이 웃으며 지나간다.

새미 (혼잣말로) 이건 너무 불공평해. 돈이 없으면 줄을 서서 기다려야 하고, 돈이 많으면 기다리지 않고 편하게 탈 수 있다니 왜 그런지 물어봐야겠어.

이때 하이에나가 걸어온다.

하이에나 (우울한 표정의 새미를 보며) 재미있게 놀았니?

새미 (속상한 목소리로) 아뇨, 줄이 너무 길어서 놀이 기구를 하나도 못 탔어요.

하이에나 그럼 프리패스를 사지 그랬니? 그럼 줄을 서지 않아도 되는데….

새미 (화난 목소리로) 네, 바로 그 프리패스 때문에 상처받았어요. 저는 하나도 못 탔는데 여우는 3개나 탔거든요. 이건 너무 불공평해요.

하이에나 하하, 돈을 얼마나 지불하느냐에 따라 다른 혜택을 주는 것은 정의로운 거란다.

새미 그러면 돈이 많은 동물들만 많은 혜택을 받게 되잖아요. 그건 너무 불공평해요. 국가가 돈이 없는 동물들을 도와줘야죠.

하이에나 돈이 없다고 국가가 무조건 도와주면 열심히 일하려고 노력하지 않고 남에게 의지하려고만 한단다. 자기가 정당하게 번 돈을 자유롭게 쓰는 것은 잘못된 것이 아니란다. 비행기나 KTX에도 돈을 더 내면 더 편하게 이용할 수 있는 비즈니스석이나 특실이 있잖아. 이것을 누리는 것이 문제가 되니?

새미 (말끝을 흐리며) 그런가요?

① 일반권과 프리패스의 장점과 단점을 생각하여 써 봅시다.

일반권		프리패스	
장점	단점	장점	단점

② 프리패스를 절대로 도입하면 안 될 분야가 있다면 어디일지 생각해 써 봅시다.

2. 비즈니스석과 일반석

비행기나 기차를 탈 때, 더 많은 돈을 지불하고 좌석을 선택할 수 있는 것에 대해 어떻게 생각하는지 자신의 생각과 이유를 써 봅시다.

정당하다고 생각한다.

이유

정당하지 않다고 생각한다.

이유

3. 하이에나의 당부

> 자기가 열심히 일해서 번 돈을 자유롭게 사용할 수 있는 것이 정의란다.
>
> 다른 사람의 간섭을 받지 않고 자신의 돈으로 원하는 혜택을 선택할 수 있어야 한단다.
>
> 돈에 따른 차별은 당연한 거란다.

① 하이에나의 당부를 듣고 어떤 생각이 들었는지 써 봅시다.

② 하이에나가 새미 마을을 도와준다면 어떤 방법으로 도와줄지 쓰고, 친구들과 함께 이야기해 봅시다.

활동 4. 나눔의 절차

1. 공평하게 나누기

> 누나 양이 케이크 앞에서 자와 칼을 들고 고민하고 있고, 엄마 양, 동생 양, 새미가 옆에서 지켜보고 있다.
>
> **엄마 양** (누나 양을 바라보며) 동생과 나누어 먹어야 하니 네가 케이크를 자르렴.
> **새미** (공평하게 자르려는 듯 자를 이리저리 대보며 고심하는 누나 양을 보며 혼잣말로) 똑같이 둘로 자르려고 노력하네.
> (엄마 양에게) 누나가 참 착하네요. 저라면 제가 많이 먹으려고 한쪽을 크게 할 텐데.
> **엄마 양** (웃으며) 그렇지 않아. 누나는 자기 몫을 뺏기지 않으려고 노력하는 거란다.
> **새미** 네? 어째서요?
> **엄마 양** 누나가 케이크를 자르는 대신, 선택은 동생이 먼저 할 수 있거든.
> (놀라는 새미를 보며) 뭘 그렇게 놀라니? 우리 마을은 모든 결정을 이런 방식으로 한단다.
> **새미** 와, 공정한 방법이네요.
> **엄마 양** 더 궁금하면 기린 선생님을 찾아가 보렴. 그분이 이런 지혜를 주셨단다.

① 내가 맛있는 음식을 누군가와 나누어 먹었던 경험을 떠올려 보고, 어떻게 나누었는지 이야기해 봅시다.

② 맛있는 케이크를 친구들과 나누어 먹으려고 합니다. 5명의 친구들이 공평하게 나누어 먹을 수 있는 방법을 고민하여 선을 그어 봅시다.

2. 기린의 당부

> 양 가족의 케이크 자르기처럼 공정한 절차가 중요하단다.
>
> 누구나 인정할 수 있는 공정한 절차를 만들고 지키는 것이 정의란다.

① 기린의 당부를 듣고 어떤 생각이 들었는지 써 봅시다.

② 기린이 새미 마을을 도와준다면 어떤 방법일지 쓰고, 친구들과 함께 이야기해 봅시다.

상상 나눔 _ 우리가 생각하는 나눔

동물들의 정의에 대한 다양한 생각을 통해 내가 생각하는 정의도 돌아보았나요?
내가 생각하는 정의를 바탕으로 나눔이란 무엇인지 나만의 정의를 내려 보자.
나눔을 행동으로 옮길 수 있는 방법도 고민하여 실천 계획서를 만들어 보자.

활동 1. 나눔의 정의

1. 나만의 나눔 정의하기

① 다음은 국어사전에 나온 '나누다'의 뜻입니다. '나누다'의 뜻을 알아봅시다.

> **나누다**
> 1. 하나를 둘 이상으로 가르다.
> 2. 여러 가지가 섞인 것을 구분하여 분류하다.
> 3. 몫을 분배하다
> 4. 음식 따위를 함께 먹거나 갈라 먹다.
> 5. 말이나 이야기, 인사 따위를 주고받다.
> 6. 즐거움이나 고통, 고생 따위를 함께하다.

② 내가 생각하는 나눔은 무엇인지 정의하여 문장을 완성해 봅시다.

> 나눔은
>
>   다.

2. 나눔의 방법

① 나눔을 실천하는 방법은 다양합니다. 그중 하나는 어려운 사람들을 도와주는 방법입니다. 어려운 사람들을 도와주는 나눔의 방법을 생각하여 써 봅시다.

> (예시) 불쌍한 사람에게 경제적으로 도움을 주기 위해 자신의 전문 능력을 활용하여 봉사하는 재능 기부

② ①의 방법으로 어려움에 처한 사람들에게 나눔을 실천할 때 어떤 결과가 나타날지 이야기해 봅시다.

③ 나눔을 실천하는 또 다른 방법은 어려운 사람이 생기지 않도록 하는 것입니다. 어려운 사람이 생기지 않도록 하기 위한 나눔의 방법을 생각하여 써 봅시다.

> (예시) 기상이변으로 인한 기후 난민이 생기지 않도록 기후위기 대응 촉구 캠페인 참가하기

④ ③의 방법으로 어려움에 처한 사람들에게 나눔을 실천할 때 어떤 결과가 나타날지 이야기해 봅시다.

활동 2. 나눔 실천하기

내가 생각한 나눔을 실천할 수 있는 방법을 생각하여 실천 계획서를 작성하고, 실천에 옮겨 봅시다.

실천 목표

실천 내용

실천 방법

삶 속에서
다시 생각하는 나눔

05

학생 스스로 해 보는 권리형 나눔

학생존중자율약속을 중심으로

박정미 인천서운초등학교 교사

- 학생인권은 존중되고 있는가?
- 학생존중자율약속 정하기
- 아동권리 침해 없는 세상을 상상하다

진정한 나눔은 서로를 권리의 주체로 인정하는 것에서 시작된다.
너와 나의 소중한 인권을 지키기 위한 약속을 함께 만들어 보자.
권리를 나누고 지키는 약속을 함께 정하는 과정 자체가 곧 권리형 나눔이다.

질문 나눔_학생인권은 존중되고 있는가?

유엔 인권교육훈련선언 제1조에는 "모든 사람은 자신이 향유할 수 있는 인권과 기본적 자유에 관한 정보를 알고 청구하고 인정받을 권리를 갖고 있으며 인권교육 훈련을 받을 수 있으며 접근할 수 있어야 한다."고 명시되어 있다. 그렇다면 학생들은 학생인권에 대해 충분히 배우고, 권리를 존중받으며 누리고 있을까? 많은 학생들이 그렇지 않다고 생각할 것이다. 학생들이 기본적으로 누려야 할 인권에 대해 알아보고 고민해 보자.

활동 1. 학생인권의 현주소

1. 아동권리의 현실

다음 뉴스 영상을 시청하고, 학생인권에 대해 생각해 봅시다.

> '어른들이 일하는 시간보다 더 오래 공부한다'
>
> 국내 청소년들이 지나친 학습 시간으로 침해받는 아동권리의 실상을 담은 아동보고서를 작성하여 스위스 제네바에 있는 유엔 아동권리위원회를 방문하였다.

① 뉴스 영상을 시청하고 어떤 생각이 들었는지 느낀 점이나 생각을 써 봅시다.

② 학교에서 인권을 존중받고 있다고 느꼈던 경험과 존중받지 못한다고 느꼈던 경험을 각각 써 봅시다.

존중받은 경험

존중받지 못한 경험

2. 학생인권조례를 둘러싼 논란

학생인권을 보장하기 위해 시도교육청에서 학생인권조례를 제정하기도 합니다. 하지만 이에 대한 찬반 의견이 엇갈리고 있습니다. 학생인권조례와 관련한 논쟁을 다룬 뉴스 영상들을 시청해 봅시다.

영상 1	영상 2
현직 고등학생들의 청원으로 시작된 ○○학생인권조례안은 학교 현장의 현실적인 문제를 해결하기 위해 조례가 필요하다는 입장과 학생인권이 충분히 보장되고 있어 필요하지 않다는 입장이 대립하고 있다.	○○시교육청이 추진해 온 학교인권조례안이 통과되었다. 통과된 조례는 학교 구성원이 보장받아야 할 인권 사항을 규정한 것이지만, 교권과 학습권 침해가 우려된다는 의견도 있다.

① 뉴스에서 다루고 있는 논란은 각각 무엇인지 이야기해 봅시다.

② 논란에 대해 어떻게 생각하는지 자신의 의견을 이야기해 봅시다.

활동 2. 유엔아동권리협약 살펴보기

아동권리란 어린 아동의 권리만을 의미하는 것이 아닙니다. 아동은 법률에서 정한 만 18세 미만의 사람들로 학생과 청소년이 포함되는 개념입니다. 아동권리는 마땅히 누려야 할 권리임에도 불구하고, 무엇이 보장받아야 하는 권리인지 자체를 모르거나 권리 결핍으로 인한 불편함을 미처 인식하지 못해서 보장받지 못하는 경우가 많습니다. 세계 모든 아동이 누려야 할 기본적인 권리를 명시하고 있는 유엔아동권리협약에 대해 알아봅시다.

① 학교나 가정에서 '애 취급'을 받으며 나의 의견이 받아들여지지 않은 경험이 있는지 생각해 보고, 경험과 그때의 기분을 이야기해 봅시다.

② 유엔아동권리협약에 명시된 아동권리를 살펴보고, 새로 알게 된 권리와 나에게 꼭 필요하다고 생각하는 권리를 찾아 써 봅시다.

새로 알게 된 권리

나에게 꼭 필요한 권리

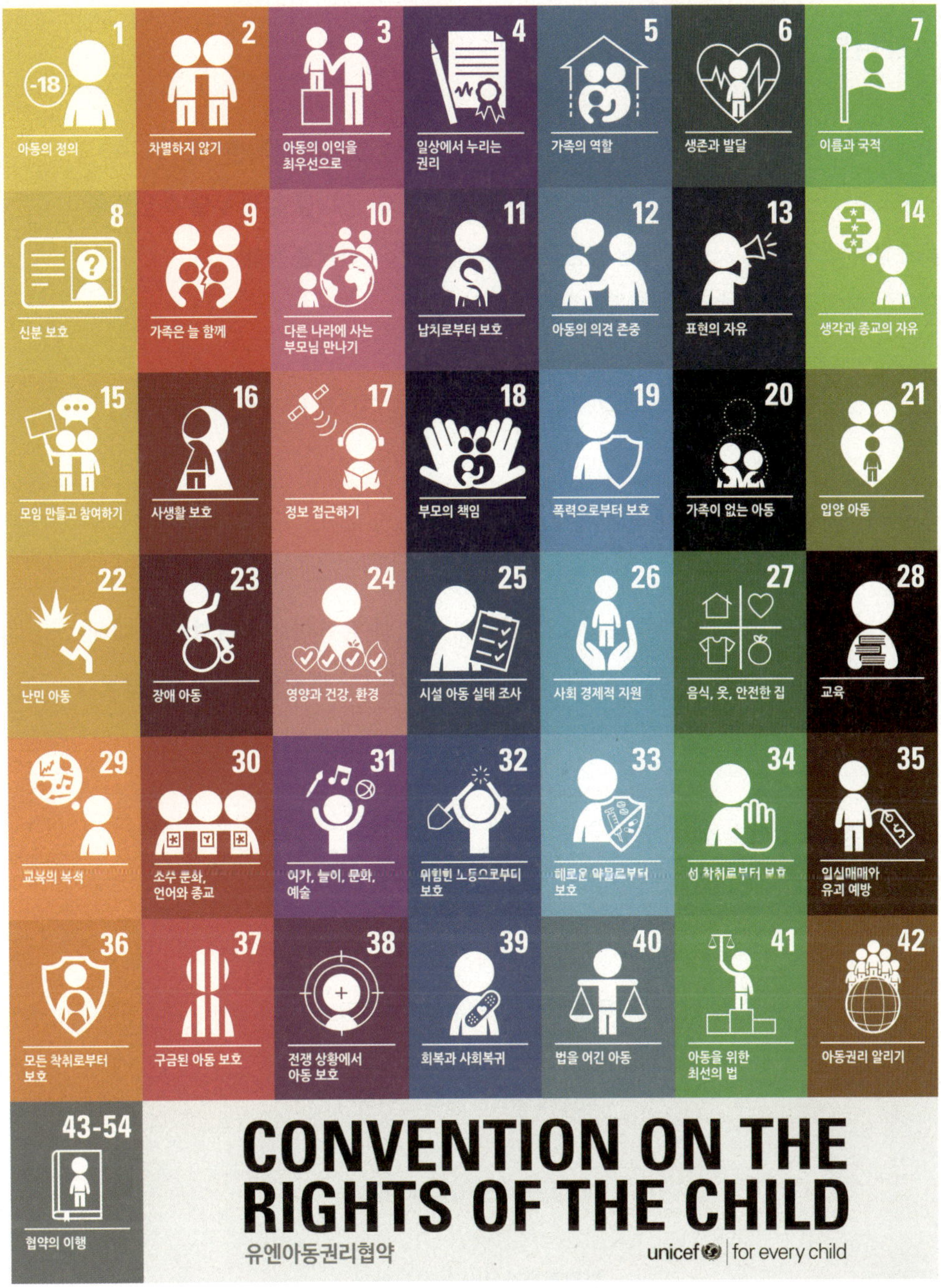
1
-18
아동의 정의
2
차별하지 않기
3
아동의 이익을
최우선으로
4
일상에서 누리는
권리
5
가족의 역할
6
생존과 발달
7
이름과 국적
8
신분 보호
9
가족은 늘 함께
10
다른 나라에 사는
부모님 만나기
11
납치로부터 보호
12
아동의 의견 존중
13
표현의 자유
14
생각과 종교의 자유
15
모임 만들고 참여하기
16
사생활 보호
17
정보 접근하기
18
부모의 책임
19
폭력으로부터 보호
20
가족이 없는 아동
21
입양 아동
22
난민 아동
23
장애 아동
24
영양과 건강, 환경
25
시설 아동 실태 조사
26
사회 경제적 지원
27
음식, 옷, 안전한 집
28
교육
29
교육의 목적
30
소수 문화,
언어와 종교
31
여가, 놀이, 문화,
예술
32
위험한 노동으로부터
보호
33
해로운 약물로부터
보호
34
성 착취로부터 보호
35
인신매매와
유괴 예방
36
모든 착취로부터
보호
37
구금된 아동 보호
38
전쟁 상황에서
아동 보호
39
회복과 사회복귀
40
법을 어긴 아동
41
아동을 위한
최선의 법
42
아동권리 알리기
43-54
협약의 이행
CONVENTION ON THE
RIGHTS OF THE CHILD
유엔아동권리협약
unicef | for every child

실천 나눔_학생존중자율약속 정하기

학생이 마땅히 누려야 할 권리가 무엇인지 알아보았다면, 모두가 행복한 인권 친화적인 학급, 학교를 만들기 위해 우리에게 필요한 권리를 실제 누릴 수 있도록 목소리를 내야 한다. 서로 다름을 인정하고 이해하는 합의 과정을 통해 모두의 행복을 위한 학생존중자율약속을 만들어 보자.

활동 1. 학생존중자율약속 세우기

〈질문 나눔〉에서 학생인권을 중심으로 인권의 의미와 유엔아동권리협약에 대해 알아보았습니다. 이를 바탕으로 우리에게 필요한 권리가 무엇인지 생각해 보고 학생존중자율약속을 정해 봅시다.

학생존중자율약속 수립 과정

인권의 의미 알기
↓
유엔아동권리협약에 대해 알기
↓
우리에게 필요한 권리 선택하기
↓
학생존중자율약속 정하기
↓
학생존중자율약속 선포하기
↓
학생존중자율약속 실천하기

1. 우리에게 필요한 권리 선택하기

① 유엔아동권리협약에서 명시한 권리 중 나의 삶과 밀접하고 가장 필요하다고 생각하는 권리 3개를 선택하고, 선택한 이유를 함께 써 봅시다.

	권리	이유
(예시)	31조 여가, 놀이, 문화, 예술	인간은 누구나 놀 권리가 있으며, 특히 성장하는 학생들에게 놀이는 간접 경험이자 배움의 계기가 될 수 있다고 생각하기 때문이다.
1		
2		
3		

② 모둠원들과의 토의를 통해 모둠에서 필요하다고 생각하는 권리를 선택하여 써 봅시다.

	권리
1	
2	
3	
4	
5	

③ 모둠 활동에서 한 단계 더 나아가 학급이나 센터, 학교 등으로 활동을 확장해 봅시다.

2. 우리의 학생존중자율약속 정하기

① 모둠에서 선택한 권리를 존중하기 위해서 지켜야 할 행동들을 써 봅시다.

② ①의 내용을 바탕으로 우리의 학생존중자율약속을 정해 봅시다.

첫째, _____

둘째, _____

셋째, _____

넷째, _____

다섯째, _____

③ 그 밖에 학급이나 센터, 학교 등에 더 제안하고 싶은 약속을 생각하여 써 봅시다.

④ 학생존중자율약속 서약서를 완성해 봅시다.

○○ 학생존중자율약속 서약서

○○ 학생존중자율약속

하나, _____

하나, _____

하나, _____

하나, _____

하나, _____

나는 ○○학생존중자율약속을 지키고, 지원할 것을 서약합니다.

서약자 ( )학년 ( )반 학생 성명 _____(인)

교사 성명 _____(인)

보호자 성명 _____(인)

모두의 행복을 위해 함께하겠습니다.

년   월   일

활동 2. 학생존중자율약속 선포식 열기

함께 만든 학생존중자율약속을 알리는 학생존중자율약속 선포식을 열어 봅시다.
친구들과 함께 모여 각자의 목소리를 내는 어울림 시간을 가질 수 있습니다.

① 학생존중자율약속 선포식을 위한 계획을 짜 봅시다.

선포식 날짜 및 장소	
선포 방식	
선포식 주요 프로그램	
준비물	
기타 필요 사항	
필요 예산	학급, 또는 모둠별 (　　　)원

순위	필요 물품	비용	비고

② 학생존중자율약속 선포식 후에도 이를 지속적으로 알리는 홍보 계획을 세우고, 모두의 행복을 위해 함께 실천해 봅시다.

	내용
홍보 기간	
홍보 장소	
홍보 방법	

상상 나눔_아동권리 침해 없는 세상을 상상하다

누구나 자신의 권리가 존중되는 안전하고 행복한 세상에서 살길 희망한다. 그러나 그런 희망은 저절로 이루어지는 것도 아니고, 권리 역시 저절로 지켜지는 것이 아니다. 우리가 깨닫지 못하는 사이에 권리를 침해받거나 때로는 다른 사람의 권리를 침해하고 있지는 않은지 생각해 보자. 권리의 주체로서 아동권리 문제에 관심을 갖고 문제해결을 위해 함께 고민하고 실천할 때 행복하고 안전한 울타리를 만들 수 있다.

활동 1. 아동권리 침해 사례에 관심 갖기

아동권리 또는 인권의 기본 사항이 침해된 사례를 학교나 마을 등 주변에서 찾아 함께 이야기 나눠 봅시다. 생존권과 관련한 기후위기나 생태환경 문제도 침해 사례가 될 수 있습니다.

① 아동권리 침해 사례를 조사하여 써 봅시다.

② 조사한 침해 사례를 모둠원과 공유한 후 서로의 생각을 나누어 봅시다.

③ 함께 해결하기 위해 노력할 사례를 하나 정하고, 선정한 이유를 이야기해 봅시다.

활동 2. 아동권리 침해 사례 해결을 위해 노력하기

① 〈활동1〉에서 정한 아동권리 침해 사례를 해결하기 위해 우리가 할 수 있는 일을 생각하여 써 봅시다.

② 함께 문제를 해결하고 실천할 수 있는 '공감가치 아동권리 계획서'를 작성해 봅시다.

활동 목적 _____

활동 주제 _____

활동 기간 _____

활동 장소 _____

활동 방법 _____

③ 세부 활동 계획을 세워 봅시다.

활동 시기	소요 시간	활동 내용

④ 마을이나 학교에 제안하여 문제를 함께 해결할 수 있는지 고민해 봅시다. 민원이나 시청, 구청 홈페이지, SNS 등에 활동 계획을 알리는 문구를 써 봅시다.

06

차별 없는 일상을 위한 여정

백신종 인천만수초등학교 교사

- 당신의 일상은 친절한가요?
- 일상 속 차별과 마주하기
- 차별 없는 일상을 상상하다

우리의 일상 속에 미처 깨닫지 못했던 차별이 숨겨져 있지는 않을까?
나에게는 편안했던 일상이 누군가에게는 불편할 수 있다.
누구나 편안한 일상을 누릴 권리가 있다. 그러나 과연 그 권리는 잘 지켜지고 있을까?
일상 속 숨겨진 차별을 살펴보고, 해결 방법을 함께 고민하며 나눔을 실천할 수 있다.

질문 나눔_당신의 일상은 친절한가요?

평소 여러분이 자주 걷던 길이나, 일상생활에서 무심히 지나쳤던 사물들을 자세히 살펴보자. 익숙하기 때문에 불편함을 느끼지 못했던 여러분의 일상이 과연 다른 사람들에게도 편안한 일상일지 생각해 보자.

활동 1. 일상을 함께 걸어 봅시다

1. 당신의 일상을 지도에 표현해 보세요

평소 걸어서 오고 가는 길(등굣길, 통근길, 산책길 등)에는 무엇이 있나요? 당신이 일상적으로 다니던 길을 떠올리며 지도를 완성해 봅시다.

2. 눈을 감고 함께 걸어 봅시다

당신의 일상이 담긴 길을 걷고 있다고 상상해 봅시다. 당신이 걷는 길에는 무엇이 있나요? 마인드맵으로 나타내 봅시다.(건널목, 계단, 엘리베이터, 에스컬레이터, 복도, 문 등)

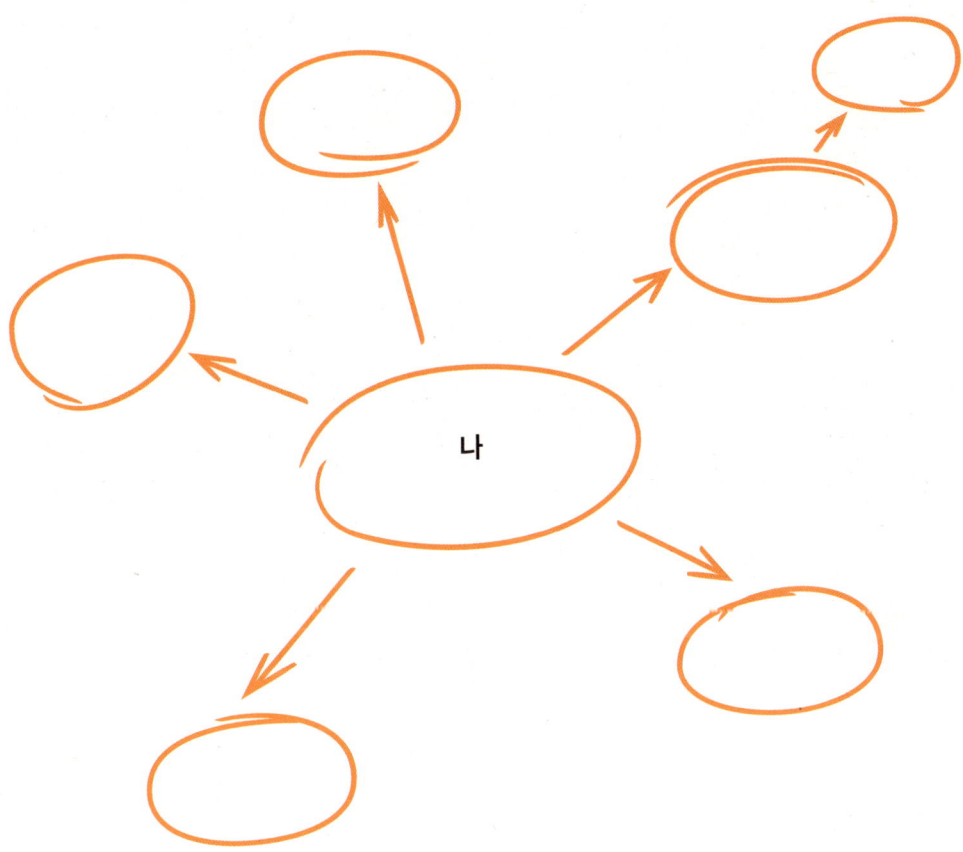

3. 조금 더 자세히 들여다볼까요

당신이 거닐던 길에서 마주치는 사물은 무엇인지 쓰고, 그 수를 세어 봅시다.

길에서 마주치는 사물	몇 개나 있나요?
(예시) 계단	10개

4. 함께 걸으니 어때요?

당신의 일상이 담겨 있는 길을 잠시나마 함께 걸을 수 있어 좋았습니다. 비록 상상이지만 길을 걸으며 들었던 생각이나 느낌을 써 봅시다.

활동 2. 누구세요?

1. 이봐, 자네. 잠깐 시간 있나?

노신사 한 분이 당신에게 말을 겁니다. 잠깐 이야기를 나눠 볼까요?

노신사 시간을 내어 주어 고맙네. 요즘 친구들은 다들 뭐가 그리 바쁜지 핸드폰만 쳐다보며 서둘러 길을 걷더군. 난 여기 앉아 사람들을 구경하곤 하는데 며칠 전 자네를 보았지. 눈을 감고 길을 하나하나 더듬 듯이 걷던 자네 모습이 참 인상적이었네. 누가 요즘 일상을 그렇게 되돌아보던가. 바삐 스쳐 지나갈 뿐이지. 그래, 자네 그렇게 둘러보며 무엇을 발견했나?

나 _____
_____
_____

노신사 그렇군. 그럼 자네 나랑 게임 한번 하지 않겠나? 긴장하지 말게. 간단한 동전 던지기 게임이야. 자네가 선택한 면이 나오면 내가 자네의 소원을 들어주고, 다른 면이 나오면 나의 제안대로 이 길을 걸어 보면 되네. 하루야, 하루. 하루만 그렇게 살면 된다네. 어떤가? 해 보겠나?

나 네! 좋습니다!

06. 차별 없는 일상을 위한 여정

2. 좋아, 게임을 시작하지!

① 동전의 앞면과 뒷면 중 하나를 선택하여 ✓표시를 해 봅시다.

☐ 앞면을 선택하겠습니다.　　　　　☐ 뒷면을 선택하겠습니다.

② 노신사와 게임 약속을 정합시다.

동전을 5회 던집니다.
당신이 선택한 동전 면이 나오면 노신사가 당신의 소원을 들어줄 것입니다.
반대로 노신사의 동전 면이 나오면 당신은 노신사의 제안대로 하루를 살아야 합니다.
당신의 소원 5가지를 써 봅시다.

	당신의 소원	노신사의 제안
1회		눈을 감고 하루를 살아 보게.
2회		아무것도 듣지 못한 채로 하루를 살아 보게.
3회		휠체어나 목발을 이용해 하루를 살아 보게.
4회		아무 말도 할 수 없는 채로 하루를 살아 보게.
5회		아무것도 만질 수 없다고 생각하고 하루를 살아 보게.

실천 나눔_일상 속 차별과 마주하기

노신사의 제안대로 하루를 살아 보자. 그리고 나의 일상에 숨겨진 차별은 없는지 생각해 보자. 모두의 일상을 지키기 위한 법률을 살펴보고, 그 법률이 잘 지켜지고 있는지 확인해 보자.

활동 1. 노신사의 제안대로 살아 보기

1. 당신의 일상은 여전히 친절한가요?

당신의 소원이 이루어졌나요? 노신사의 제안대로 하루를 살아 보면, 당신의 소원이 이루어질 것입니다. 그럼 지금부터 시작합시다.

① 노신사가 제안한 조건을 떠올려 봅시다.

② 눈을 감고 상상 속에서 노신사의 제안대로 거닐던 길을 걷고 일상생활을 해 봅시다.

③ 당신의 일상이 어떻게 변했는지 써 봅시다.

④ 제안받은 삶 속에서 당신의 길은 어떠했나요? 가고자 하는 곳을 편안히 갈 수 있었는지 당신의 경험을 써 봅시다.

당신이 마주쳤던 사물	여전히 길은 당신에게 친절했나요?
(예시) 계단	누군가의 도움이 없다면 계단을 올라갈 수 없습니다.

활동 2. 우리 일상의 불편한 진실

1. 우리에게는 하루였지만, 누군가에게는 일상이라면….

고생 많으셨습니다. 당신의 특별한 하루가 장애인분들에게는 매일 마주하는 일상입니다.
노신사가 제안한 하루를 살며 어떤 생각이 들었는지 써 봅시다.

2. 모두가 편안한 일상일 수는 없을까요?

모두가 어려움 없이 길을 걷고 편안한 일상을 보낼 수는 없을까요? 만약 당신에게 신의 능력이 있다면 당신이 겪은 어려움을 어떻게 바꾸고 싶은지 써 봅시다.

당신이 겪은 어려움	신의 능력을 이곳에 써야지!

활동 3. 우리는 신이 아닙니다

1. 그러나 우리에겐 우리가 있습니다

신의 능력이 아닌 우리의 힘으로 문제를 해결해 봅시다. 우리는 '사회'라는 테두리 안에서 함께 살아가며, 삶과 생활의 안녕을 위해 법률을 만듭니다. 장애인 등을 위한 법률을 살펴봅시다.

장애인 등을 위한 편의시설 설치시 고려 사항

편의시설을 설치할 때 시각장애인용 흰지팡이, 목발, 안내견, 유모차 등을 이용하는 사람들의 불편함을 최소화하기 위하여 다음과 같은 사항을 고려하도록 합니다.

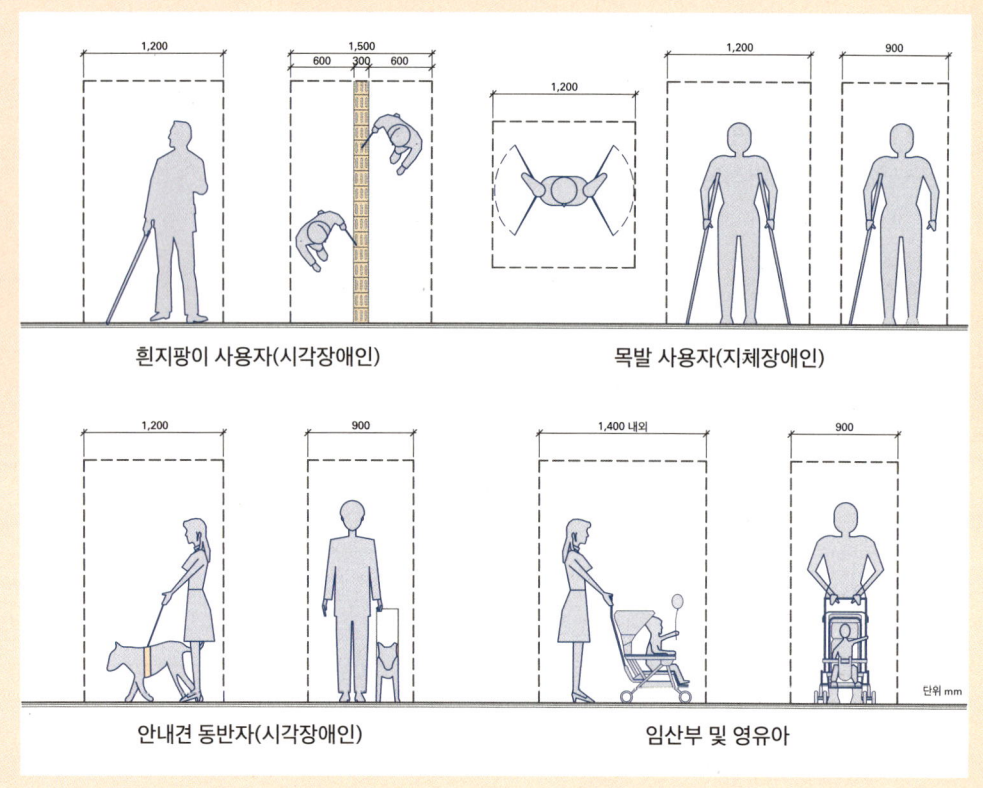

2022 경기도 장애인 등의 편의시설 설치 매뉴얼

2. 우리에겐 지켜야 할 약속이 있습니다!

장애인 편의시설과 관련 법률이 잘 지켜지고 있다면, 노신사에게 제안받은
하루를 살며 겪었던 어려움은 현저히 줄어들 것입니다.
지금부터 우리가 지켜야 할 약속을 좀 더 자세히 살펴보도록 할까요?

① QR코드를 이용하여 경기도장애인편의증진기술지원센터 홈페이지
자료실에 있는 장애인 등의 편의시설 설치 매뉴얼을 내려받습니다.

② 매뉴얼에 있는 대상시설별 의무 또는 권장 편의시설 현황을 살펴봅시다.

대상시설	편의시설	매개시설			내부시설			위생시설					안내시설			기타시설					
		주출입구접근로	장애인전용주차구역	주출입구높이차이제거	출입구(문)	복도	계단또는승강기	화장실			욕실	샤워실·탈의실	점자블록	유도및안내설비	경보및피난설비	객실·침실	관람석·열람석	접수대·작업대	매표소판매기음료대	임산부등을위한휴게시설
								대변기	소변기	세면대										
	페이지	39	44	50	51	55	63	72~79			80	82	84	88	91	92	96	99	100	105
제1종근린생활시설	지역아동센터	의무	의무	의무	의무	권장	권장	권장	권장	권장				권장	의무					
	일반음식점(300㎡이상)	의무	의무	의무	의무	권장	권장	권장	권장	권장										
	휴게음식점	의무	의무	의무	의무	권장	권장	권장	권장	권장										
	제과점	의무	의무	의무	의무	권장	권장	권장	권장	권장										
	일반음식점(50㎡~300㎡미만)	의무	권장	의무	의무	권장	권장	권장	권장	권장										
제2종근린생활시설	극장	의무	의무	의무	의무	의무	의무	의무	의무	의무			의무	의무	의무		의무		의무	의무
	영화관	의무	의무	의무	의무	의무	의무	의무	의무	의무			의무	의무	의무		의무		의무	의무
	연예장	의무	의무	의무	의무	의무	의무	의무	의무	의무			의무	의무	의무		의무		의무	의무
	음악당	의무	의무	의무	의무	의무	의무	의무	의무	의무			의무	의무	의무		의무		의무	의부
	서커스장	의무	의무	의무	의무	의무	의무	의무	의무	의무			의무	의무	의무		의무		의무	의무
	안마시술소	의무	의무	의무	의무	권장	권장	권장	권장	권장			권장	권장	의무					
문화및집회시설	공연장	의무	의무	의무	의무	의무	의무	의무	의무	의무			의무	의무	의무		의무		의무	의무
	경마장	의무	의무	의무	의무	의무	의무	의무	의무	의무			의무	의무	의무		의무		의무	의무
	자동차 경기장	의무	의무	의무	의무	의무	의무	의무	의무	의무			의무	의무	의무		의무		의무	의무
	예식장	의무	의무	의무	의무	의무	의무	의무	권장	권장					의무					
	공회당	의무	의무	의무	의무	의무	의무	의무	권장	권장					의무					
	회의장	의무	의무	의무	의무	의무	의무	의무	권장	권장					의무					
	박물관	의무	의무	의무	의무	의무	의무	의무	권장	권장			의무	권장	의무				권장	의무
	미술관	의무	의무	의무	의무	의무	의무	의무	권장	권장			의무	권장	의무				권장	의무
	과학관	의무	의무	의무	의무	의무	의무	의무	권장	권장			의무	권장	의무				권장	의무
	기념관	의무	의무	의무	의무	의무	의무	의무	권장	권장			의무	권장	의무				권장	의무
	산업전시관	의무	의무	의무	의무	의무	의무	의무	권장	권장			의무	권장	의무				권장	의무
	박람회장	의무	의무	의무	의무	의무	의무	의무	권장	권장			의무	권장	의무				권장	의무
	동물원	의무	의무	의무	의무	의무	의무	의무	권장	권장			의무	권장	의무				권장	의무
	식물원	의무	의무	의무	의무	의무	의무	의무	권장	권장			의무	권장	의무				권장	의무
	수족관	의무	의무	의무	의무	의무	의무	의무	권장	권장			의무	권장	의무				권장	의무
종교시설	교회	의무	의무	의무	의무	권장	권장	권장	권장	권장				의무		권장				권장
	성당	의무	의무	의무	의무	권장	권장	권장	권장	권장				의무		권장				권장
	사찰	의무	의무	의무	의무	권장	권장	권장	권장	권장				의무		권장				권장

④ 매뉴얼에서 당신이 자주 가는 장소를 선택하여 해당 장소의 편의시설 설치 현황을 체크리스트에 정리한 후, 잘 지켜지고 있는지 확인해 봅시다.

모두의 일상을 위한 체크리스트

내가 선택한 장소:					
장애인 등을 위한 편의시설		의무	권장	해당 없음	확인
매개시설	주출입구 접근로	☐	☐	☐	
	장애인 전용주차구역	☐	☐	☐	
	주출입구 높이차이 제거	☐	☐	☐	
내부시설	출입구(문)	☐	☐	☐	
	복도	☐	☐	☐	
	계단 또는 승강기	☐	☐	☐	
위생시설	대변기	☐	☐	☐	
	소변기	☐	☐	☐	
	세면대	☐	☐	☐	
	욕실	☐	☐	☐	
	샤워실·탈의실	☐	☐	☐	
안내시설	점자블록	☐	☐	☐	
	유도 및 안내설비	☐	☐	☐	
	경보 및 피난설비	☐	☐	☐	
기타시설	객실·침실	☐	☐	☐	
	관람석·열람석	☐	☐	☐	
	접수대·작업대	☐	☐	☐	
	매표소·판매기·음료대	☐	☐	☐	
	임산부 등을 위한 휴게시설	☐	☐	☐	

상상 나눔_차별 없는 일상을 상상하다

우리 주변의 다양한 장소들을 조사한 결과를 공유한 후, 개선 방안을 고민하여 개선 계획서를 작성해 보자. 모두의 편안한 일상을 위해 함께 노력할 때 세상은 변화하고, 차별 없는 일상이 가능해진다.

활동 1. 점검 결과를 공유해 봅시다

① 당신이 조사한 장소가 모두의 편안한 일상을 위한 장소인지 확인해 봅시다.

우리가 살펴본 일상

조사한 장소의 사진을 붙여 봅시다. 단, 개인 소유의 장소일 경우 반드시 소유주의 허락을 받은 사진이어야 합니다.

② 당신이 조사한 장소의 시설 중 모두의 편안한 일상이 지켜지는 곳과 그렇지 못한 곳을 구분하여 정리하고, 그 이유를 함께 써 봅시다.

모두를 위한 일상은?

작성자 _____

- 조사 장소
- 모두의 일상이 잘 지켜지는 시설과 그 이유를 써 봅시다.

_____
_____
_____
_____

- 모두의 일상이 지켜지지 못한 시설과 그 이유를 써 봅시다.

_____
_____
_____
_____

- 모두의 일상을 점검하며 느꼈던 당신의 소감을 써 봅시다.

_____
_____
_____

활동 2. 저런, 모두의 일상이 지켜지지 못한 곳도 있었군요!

1. 아쉬워만 할 수 없습니다

모두의 일상이 지켜지지 못한 곳이 있다면 이를 개선하기 위해 노력해야 합니다. 조사 장소 중 가장 시급하게 개선해야 할 곳과 개선 방안을 생각하여 써 봅시다.

시급한 개선이 필요한 장소

개선 방안

2. 뜻을 함께해 봅시다

모둠을 만들어 토론을 통해 개선이 가장 필요한 장소를 선택하고, 그 이유를 써 봅시다.
(혹은 개선하고자 하는 장소별로 모둠을 이루어도 좋습니다.)

모둠이 결정한 장소

이유

3. 마음이 모였다면 움직여 볼까요?

개선을 위해 우리가 실천할 수 있는 방법을 찾아 실행해 봅시다.

모두의 일상을 위한 실천 계획

함께하는 사람들 _____

개선이 필요한 장소:	
개선을 위한 실천 방법	
실천 방법 선택 이유	
실천 기간	
실천 시 주의할 점	
기대 효과	

활동 3. 모두의 일상을 되돌리다

1. 당신의 마음을 듣고 싶습니다

계획한 대로 개선이 되었나요? 모두의 일상이 편안해졌는지 생각하여 실천 결과와 실천에 옮기며 느꼈던 점을 이야기해 봅시다.

2. 모두의 일상은 되돌아오고 있습니다

모두의 일상을 고민하는 것은 우리뿐만이 아닙니다.
영상을 시청하며 한 초등학교 학생들의 이야기를 들어 봅시다.

① 학생들이 모두의 일상을 위해 어떤 노력을 하고 있는지 이야기해 봅시다.

② 사례를 참고하여 모두의 일상을 위해 우리가 할 수 있는 일을 생각하여 써 봅시다.

모두의 일상을 위한 노력은 개인 차원을 넘어 기업도 함께할 수 있습니다.
영상을 시청해 봅시다.

③ 영상 속 기업은 모두의 일상을 위해 어떤 노력을 하고 있는지 이야기해 봅시다.

④ 사례를 참고하여 모두의 일상을 위해 기업이 할 수 있는 일을 생각하여 써 봅시다.

일상의 차별을 발견하고, 해결하기 위해 동분서주한 당신! 고생 많으셨습니다.
원하는 결과를 얻지 못했더라도 실망하지 마십시오. 모두의 일상을 걱정하는 이들이
여러분만큼 늘었으니까요.

자네들에게 보내는 편지

허허, 보자마자 소원 이야기군. 미안하네. 약속을 지키지 않은 것이 아니라네.
조금만 기다려 보게나. 그나저나 어땠나? 생각보다 힘든 여정이었지?
하지만 뿌듯함에 마음이 뛰는 순간도 분명 있었을 거네.

난 자네들처럼 모두의 일상을 편안하게 만들기 위해 노력하는 사람을 찾고 있다네.
그래서 항상 여기에 앉아 나를 발견해 주길 기다리고 있지. 내가 먼저 다가가
그들의 삶에 관여할 수는 없다네. 모든 일은 스스로 움직여야 의미가 있거든.

내가 마지막으로 부탁하고 싶은 것이 있네. 이번 여정의 기억을 잘 간직해 주게.
그리고 자네가 가는 곳곳마다 모두의 일상이 편안할 수 있도록 마음을 써 줬으면 하네.
자네가 마음을 쓴 만큼 모두의 일상은
반드시 지켜질 걸세.
그리고 자네의 소원도
곧 이루어질 거네.

07

소비도 나눔이다

이하림 시민교육 활동가

- 소비는 나눔일까?
- 소비에 숨겨진 관계
- 소비가 나눔이 되는 새로운 상상

현대 자본주의 사회에서 사람들은 소비를 하지 않고서는 살아갈 수 없다. 그런데 소비가 불쌍한 사람이 생기는 구조를 만들고 있는 것은 아닐까? 반대로 소비가 나눔이 될 수 있을까? 권리형 나눔은 불쌍한 사람이 생기지 않는 공동체를 만드는 것이다. 소비 이면에 숨겨진 관계와 불쌍한 사람이 생기지 않는 공동체를 만들기 위한 시민의 역할에 대해 살펴보자.

질문 나눔_소비는 나눔일까?

자본주의 사회에서 기업은 이윤을 얻기 위해 가급적 많은 물건을 생산하여 판매하려 하고, 소비자는 합리적으로 소비하기 위해 가급적 적은 비용으로 좋은 제품을 구매하려 한다. 일상적으로 행하는 소비의 이면에 권력관계가 감춰져 있음을 이해해 보자.

활동 1. 소비는 내가 할까?

얼마 전 새 노트북을 구입했다. 최신 사양을 갖춰 성능이 좋을 뿐만 아니라 세련된 색과 디자인의 노트북이 마음에 쏙 들었다. 그런데 책상에 노트북을 놓고 보니 기존에 사용하던 마우스가 왠지 구닥다리처럼 느껴졌다. 고민 끝에 노트북에 어울리는 디자인의 마우스를 구입하고, 연이어 산뜻한 색상의 마우스 패드도 새로 구입했다. 그제야 모든 것이 어울리는 듯 보였다. 누구나 이와 비슷한 경험이 있을 것이다.

18세기 프랑스 철학자이자 작가인 드니 디드로는 지인으로부터 멋진 붉은색 가운을 선물 받았다. 선물 받은 고급스러운 가운을 입고 서재에 앉으니 자신의 낡은 책상이 눈에 거슬렸다. 그래서 책상을 새로 구입하니 이번에는 의자가 책상에 어울리지 않아 의자를 바꾸고, 결국에는 서재의 다른 가구와 커튼, 카펫 등 모든 것을 새로 구입하였다. 가운 하나 때문에 많은 돈을 지출한 디드로는 자신이 '붉은 가운의 노예'가 되었다며 우울해하였다.

이 일화에서 유래하여 하나의 물건을 갖게 되면 그것에 어울리는 다른 물건들을 계속해서 구입하는 소비의 연쇄 작용을 '디드로 효과'라고 한다. 디드로 효과는 기업이 소비자의 구매 욕구를 자극하기 위한 마케팅 방법으로 활용된다.

① 디드로 효과와 비슷한 경험이 있는지 생각하여 이야기해 봅시다.

② 디드로 효과 외에 소비자의 구매 욕구를 자극하는 마케팅 방법을 조사하여 써 봅시다.

③ 소비자가 기업의 의도대로 소비를 했을 때 생기는 문제점을 쓰고, 그 대안을 이야기해 봅시다.

활동 2. 달콤 쌉싸름한 초콜릿

입 안 가득 퍼지는 초콜릿의 달콤함과 쌉싸름한 끝맛은 순식간에 행복함을 가져다준다. 그런데 초콜릿의 원료인 카카오 농장에서는 어떤 일이 벌어지고 있을까? 코트디브아르는 아프리카 대륙의 서쪽에 있는 나라로, 세계 최고의 카카오 생산 국가이다. 이 나라의 많은 어린이들은 학교에 가는 대신 카카오 농장에서 일을 한다. 가족의 생계를 위해 돈을 벌어야 하기 때문이다. 농장 주인들은 성인보다 싼 임금에 아동의 노동력을 착취하고, 어린이들은 농장에서 많은 위험에 노출된 채 일을 한다. 카카오 열매를 수확하기 위해서는 '마체테'라 불리는 크고 무거운 칼이나 전기톱을 들고 높은 나무를 오르내려야 한다. 게다가 카카오 재배에는 독성이 강한 화학물질로 만든 살충제가 사용되는데, 어린이들은 제대로 된 안전 장비나 보호구를 제공받지 못한다. 어린이들에게 위협이 되는 것은 이뿐만이 아니다. 수확한 카카오 열매를 머리에 이고 위험한 산길을 이동하다 넘어져 크게 다치는 일도 다반사다. 또 카카오 알맹이를 말리고 자루에 담는 작업을 하기 위해 뜨거운 햇볕 아래에서 장시간 일을 해야만 한다.

그러나 정작 카카오 농장에서 일하는 어린이의 대부분은 초콜릿을 먹어 본 적이 없다고 한다. 초콜릿이 너무 비싸기 때문에 맛은커녕 카카오가 초콜릿의 원료인지도 모르는 것이 현실이다.

① 어린이들이 학교에 가는 대신 카카오 농장에서 일을 해야만 하는 이유를 생각하여 써 봅시다.

② 초콜릿 값으로 치른 돈이 어떻게 분배되는지 보여 주는 자료입니다. 예를 들어 초콜릿 제품 제조사는 카카오 농장의 8배에 달하는 돈을 가져갑니다. 이런 분배 구조가 형성된 원인은 무엇인지 이야기해 봅시다.

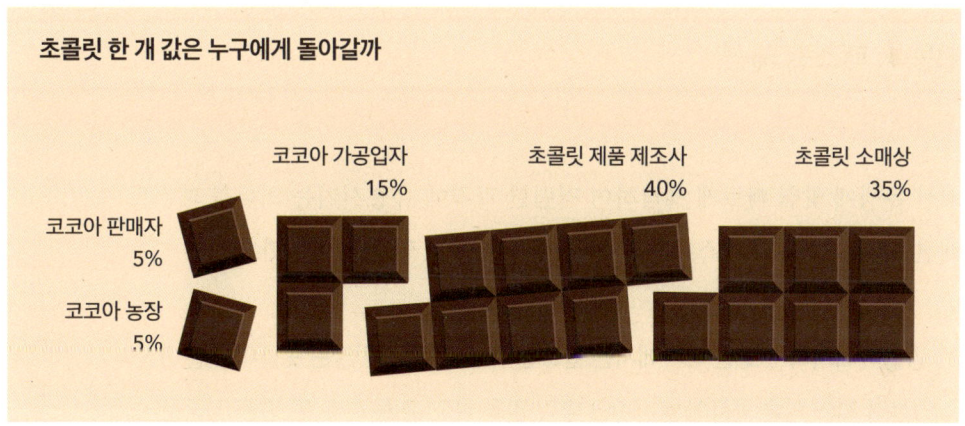

③ 카카오 농장에서 벌어지는 아동노동 착취의 원인이 무엇인지 생각하여 이야기해 봅시다.

실천 나눔_소비에 숨겨진 관계

현대인의 모든 행위는 소비로 시작해서 소비로 귀결된다. 자급자족하지 않는 한 의식주를 포함한 모든 것이 소비를 통해 이루어진다. 이때 우리가 구매한 물건이나 서비스는 다른 사람의 노고에 의해 제공되는 것이다. 그 노고에는 열악한 환경에서 장시간 일하고도 제대로 보상받지 못하는 부당함과 고통이 내포되어 있을 수 있다. 나와 아무런 상관없는 것처럼 보였던 일이 사실은 나와 연관되어 있다.

활동 1. 패스트 패션

최신 유행에 맞춰 빠르게 제작하여 저렴한 가격에 유통시키는 의류를 패스트 패션이라고 합니다. 패스트 패션은 공동체에 어떤 영향을 미칠까요?

> 방글라데시의 수도인 다카에서는 글로벌 패션 브랜드의 많은 옷들이 만들어진다. 8천여 개의 의류 공장에서 400만 명이 일을 하고, 이들의 한 달 평균 임금은 112달러이다. 어린 소녀들의 임금은 이보다도 더 낮다. 패스트 패션의 상당수는 이 소녀들이 만든 것이다. 2013년 다카 인근에서 일어난 건물 붕괴 사고는 열악한 현실을 단적으로 보여 주었다. 의류 공장이 모여 있던 8층 건물이 무너지며 1,100명이 넘는 사망자가 발생했다. 특히 어린 소녀들이 감금되어 일하다가 탈출하지 못했다는 사실이 알려지면서 열악한 노동환경과 비인간적인 처우가 세계의 이목을 집중시켰다. 그러나 정작 글로벌 패션 기업들은 이에 대한 책임을 회피하고 있다.

자연 역시 혹독한 대가를 치르고 있다. 다카의 대표적 의류 생산 지역인 케라니간지의 운하에는 더 이상 맑은 물이 흐르지 않는다. 대신 옷을 만들고 남은 자투리 천과 옷 쓰레기가 운하를 가득 메우고 있다. 또한 염색 공장에서 흘러나온 폐수는 아무런 여과 없이 강으로 쏟아진다. 그로 인해 어떤 생명체도 살 수 없는 죽음의 강이 되었다.

① 패스트 패션 기업들이 방글라데시로 의류 공장을 옮긴 이유는 무엇인지 인권의 관점에서 이야기해 봅시다.

② 패스트 패션 기업들이 방글라데시로 의류 공장을 옮긴 이유는 무엇인지 환경의 관점에서 이야기해 봅시다.

③ 방글라데시의 쓰레기 문제와 환경 파괴, 그리고 소녀들의 열악한 노동환경은 서로 어떤 관계가 있는지 이야기해 봅시다.

활동 2. 책 속의 책 『까대기』

『까대기』는 작가가 생계를 위해 6년간 실제로 택배 아르바이트를 하면서 겪었던 일과 만났던 사람들의 이야기가 담겨 있는 만화책이다. 택배에서 물건을 차에 싣거나 내리는 일을 까대기라고 한다. 이 책에는 하루만 일해도 힘들어서 도망치게 된다는 택배 상하차 아르바이트의 실상과 택배 노동 현장의 생생한 목소리가 녹아 있다.

"택배 알바를 하다 보면 있잖아? 다들 진짜 열심히 살더라. 주 6일 근무에 하루 12시간 이상 일하는 건 기본이더라. 난 그렇게 일하면서 살면 어느 정도 여유 있게 지낼 거라 생각했지. 근데 그게 아니더라고, 그렇게 해야 겨우 먹고 살더라고. 사람 값이 싸도 너무 싼 것 같아."

① 택배 서비스와 관련된 경험을 이야기해 봅시다.

② "사람 값이 싸도 너무 싼 것 같아."라는 말을 읽고 어떤 생각이 들었는지 이야기해 봅시다.

③ 『까대기』를 읽고 나면 '택배는 사람들의 일상을 편리하게 만들어 주지만, 그 뒤에는 고된 노동이 숨어 있다'는 사실을 깨닫게 됩니다. 택배 외에도 누군가의 노동 덕분에 우리의 일상이 편리해지는 경우가 많습니다. 무엇이 있는지 이와 관련한 경험을 이야기해 봅시다.

상상 나눔_소비가 나눔이 되는 새로운 상상

권리형 나눔의 관점에서는 소비 역시 불쌍한 사람이 생기지 않는 공동체를 지향한다. 그러기 위해서 연민이 아닌 공감으로 소비 이면에 도사리고 있는 사회적 위험을 정의하고 이에 대응해야 한다. 기업의 이윤은 소비자에게서 나오기 때문에 소비자의 행동에 따라 기업의 행동도 달라진다. 그러므로 시민들은 자기 목소리를 내고, 협동과 연대를 통해 사회문제를 해결해야 한다.

활동 1. 연민 vs 공감

① 내가 생각하는 연민과 공감은 무엇인지 문장을 완성해 봅시다.

연민은   다.

공감은   다.

② 다음 글을 읽고 연민과 공감이 어떻게 다른지 써 봅시다.

기부와 후원 캠페인에는 앙상한 팔다리와 갈비뼈가 드러난 제3세계의 아이들이나 힘들게 병마와 싸우는 사람들의 모습이 자주 등장한다. 이런 모습을 보면 사람들은 도와주고 싶다는 감정을 느낀다. 이 감정이 연민이다. 연민은 인간이라면 누구나 가지고 있는 중요한 감정이다. 하지만 사람들은 연민을 느끼는 동시에 '저 고통과 슬픔을 내가 겪지 않아서 다행이다.'라고 생각하며 안도감을 느끼는 것은 아닐까.

'빈곤포르노'라는 말이 있다. 빈곤으로 인한 참상을 노골적으로 보여 주며 그들이 피해자임을 각인시켜, 보는 이에게 도덕적 죄책감을 유발하고 기부를 하도록 만드는 빈곤 구호 광고의 부정적 효과를 일컫는 말이다. 연민의 감정을 일으켜 그들을 도와야 한다는 메시지를 강력하게 전하는 것이지만, 여기에는 불평등한 권력관계가 숨어 있다. 나는 호의를 베풀어 기부할 수 있지만 기부의 대상인 사람은 그것을 요구할 권리가 없다는 의미를 내포한다. 가난한 사람의 불행은 노골적으로 전시되는 반면, 나는 기부를 통해 좋은 사람이 된다. 이 관계에서 결정권은 전적으로 나에게 있다.

공감은 연민과는 다르다. 고통받는 사람과의 연대를 기반으로 하는 분노의 감정이다. 빈곤이나 고통이 한 개인의 문제가 아니라 부당한 사회구조와 권력관계에서 비롯된 문제라는 인식에서 공감의 감정이 생겨난다. 부당한 질서에 의해 발생한 고통이기 때문에 나도 그 문제에서 자유롭지 않고 언제든 나의 일이 될 수 있다고 여긴다. 그래서 공감의 감정은 부당한 사회구조와 권력관계를 바꾸기 위한 연대로 이어진다.

연민은 _____ **다.**

공감은 _____ **다.**

활동 2. 소비도 나눔이다

1. 체인지유어초콜릿

사회적 기업 '아름다운 커피'는 카카오 농장의 아이들을 구하기 위한 '체인지유어초콜릿' 캠페인을 진행하고 있다. 이 캠페인은 초콜릿 기업들이 아동노동 착취 근절 약속을 지키도록 소비자들이 기업에게 변화를 요구하는 캠페인이다. 2020년 한 해에만 15,000명이 넘는 소비자들이 캠페인에 참여하였다. 그리고 그들의 목소리를 담아 국내 초콜릿 기업 6곳에 카카오 농장의 아동노동 착취 근절을 위한 구체적인 요구 사항을 제안서로 보냈다.

요구 사항은 다음과 같다.

1. 초콜릿 공급사슬의 투명성과 기업의 사회적 책임을 위한 기업 윤리강령 발표.
2. 아동노동 착취가 없는 공정무역 카카오 사용 계획과 구체적인 실행 방안 공표.
3. 카카오 농장의 아동노동 착취 근절을 위한 기업의 노력을 소비자가 알 수 있도록 홈페이지 공지.

이에 대해 한 기업만이 제안서대로 이행하고 있으며 앞으로도 이행을 위해 노력하겠다는 답변을 보내왔다.

① 시민들이 소비 활동으로 의사를 표명하는 것에서 한발 더 나아가 기업과 정부에 직접적인 행동이나 정책을 요구해야 하는 이유를 이야기해 봅시다.

② 시민들이 기업과 정부에 변화를 위한 행동과 정책을 요구한 사례를 조사해 봅시다.

2. 권리형 나눔을 위한 상상

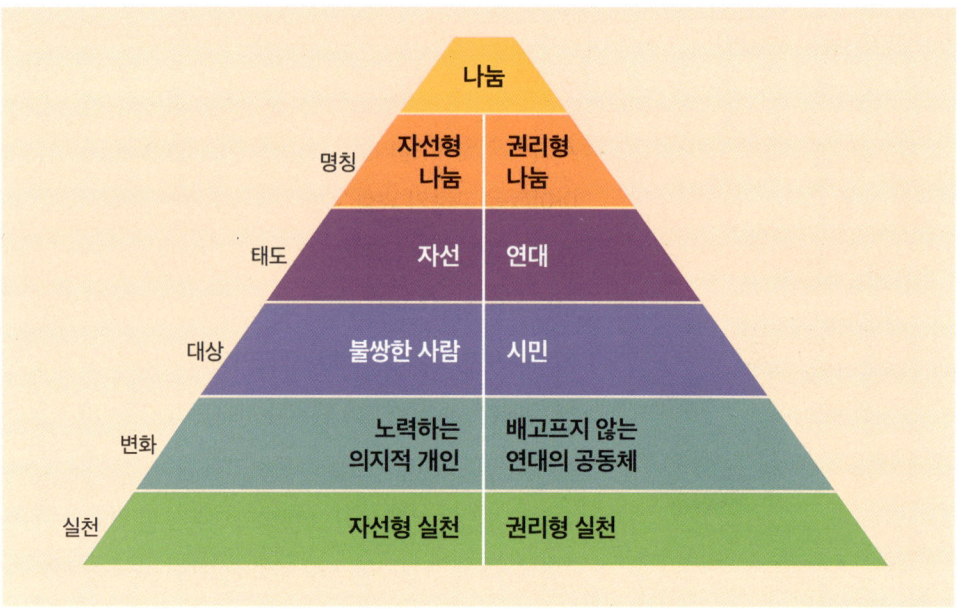

① 나눔에 대한 두 가지 관점을 보여 주는 자료입니다. 자선형 나눔과 권리형 나눔이 어떻게 다른지 이야기해 봅시다.

② 불쌍한 사람이 생기지 않는 공동체를 만들기 위한 소비는 어떤 관점을 가져야 하는지 자신의 생각을 이야기해 봅시다.

활동 3. 활동 계획서 작성하기

불쌍한 사람이 생기지 않는 공동체를 만들기 위한 소비를 주제로 하여 자기 목소리로 말하는 활동을 계획해 봅시다.

1. 문제 찾기(활동 주제 선정)

① 여러분이 해결하고자 하는 문제는 무엇인가요?

② 어떤 불편을 주고 있나요?
　(구체적으로 어떤 불편을 주고 있는지, 어떤 가치를 훼손하고 있는지 찾아봅시다.)

③ 이 문제와 관계된 사람은 누가 있을까요?
　(가장 어려움을 겪고 있는 사람은 누구이며, 어떤 어려움을 겪는지 조사해 봅시다.)

2. 문제 원인 분석하기

① 이러한 문제가 발생하게 된 이유는 무엇일까요?
　(문제를 개인, 학교, 지역사회, 국가 차원에서 다양한 관점으로 바라보고, 주변 사람의 경험, 언론 보도 및 관련 자료 조사를 통해 이유를 찾아봅시다.)

② 이 문제를 해결해야 하는 책임은 누구에게 있나요?
   (이 문제와 관련 있는 사람이나 기관을 찾아 써 봅시다.)

③ 이 문제와 관련된 제도, 정책, 자료 등은 무엇이 있나요?
   〔국가법령정보센터, 자치법규 정보시스템이나 관련 정부 기관(중앙부처) 및 지방자치단체(시군구청 등) 홈페이지에서 찾아봅시다.〕

3. 해결 방안 찾기

① 우리의 활동을 지지할 사람, 반대할 사람은 누가 있을까요?
   (지지해 줄 사람과 그 이유, 반대할 사람과 그 이유를 써 봅시다.)

② 문제를 해결하기 위한 방법은 무엇이 있을까요?

③ 우리가 선택한 권리형 나눔의 실천을 통해 어떤 변화가 일어날까요?
 (우리의 활동을 통해 얻게 될 결과와 효과를 써 봅시다.)

4. 실천 계획 세우고 실행하기

① 실천 활동 계획을 세워 봅시다.
 (언제 어디에서 누구와 어떤 활동을 할지 자세하게 정리해 봅시다.)

② 모둠원 각자의 역할을 생각해 보고 정리해 봅시다.

08

연대의 관점에서 본 노동과 임금

공군자 서울노동광장 대표

- 타인의 노동에 의존하지 않고 살 수 있을까?
- 임금을 중심으로 연대 고민하기
- '사업장 임금' 너머 상상하기

인간은 사회를 구성하고 타인과의 노동 나눔에 의존하며 살아간다.
물건을 생산하는 노동자들이 노동인권을 보장받지 못한다면 그 물건을
이용하는 나는 과연 행복할지 생각해 보자.
내가 하고 싶은 일(노동)을 하면서 인간으로서 존중받으며 살아갈 수 있는 방법으로
임금 나눔에 대해 이야기해 보자. 국가가 연대임금을 제도적으로 보장할 경우
우리 삶에 어떤 영향을 주는지에 대해서도 알아보자.

질문 나눔 _ 타인의 노동에 의존하지 않고 살 수 있을까?

누구나 노동을 하며 살아간다. 그러나 노동에 대한 오해와 왜곡된 인식이 확산되어 있다. 노동이 왜 필요한지 다양한 관점에서 이야기 나누며 노동의 필요성에 대해 다시 생각해 보자. 우리 모두는 타인의 노동에 의존하여 살아감을 이해하고 협동과 연대가 왜 중요한지 이야기해 보자.

활동 1. 노동자란?

① 노동, 노동자 하면 떠오르는 색과 그렇게 생각하는 이유를 써 봅시다.

② 노동, 노동자 하면 떠오르는 맛과 그렇게 생각하는 이유를 써 봅시다.

③ 내가 생각하는 노동이란 무엇인지 한 문장으로 써 봅시다.

④ 노동이 필요한 이유를 개인, 기업, 사회, 세계의 관점에서 생각하여 써 봅시다.

개인	
기업	
사회	
세계	

활동 2. 물건이 내 손에 오기까지 노동자 찾기

① 내가 좋아하는 물건을 오른쪽 페이지 네모 안에 쓰고, 그 물건이 나에게 오기까지 어떤 노동과정을 거치는지 위 그림을 참고하여 마인드맵을 작성해 봅시다.

② 물건이 생산되는 노동과정이 담긴 마인드맵을 그리며 어떤 생각이 들었는지 써 봅시다.

③ 우리의 생활이 누구의 노동에 의존하여 영위되고 있는지 이야기해 봅시다.

내가 좋아하는 [　　　　　] **이(가) 내 손에 오기까지**

실천 나눔_임금을 중심으로 연대 고민하기

최저임금제와 최저임금 인상에 대한 노동자와 기업의 입장을 살펴보고, 밥상 차리기를 통해 인간다운 생활을 하는 데 꼭 필요한 요소와 비용을 알아보자. 불평등한 임금제도에 대해 생각해 보며 인간다운 생활이 보장되는 행복한 사회를 위한 길을 고민해 보자.

활동 1. 최저임금을 인상해야 할까?

① 최저임금 인상을 찬성하는 입장과 반대하는 입장의 신문기사를 찾아 읽어 봅시다.
  신문기사에서 찬성과 반대 입장의 이유와 각 입장에 대한 비판을 찾아 정리해 봅시다.

찬성	반대
최저임금을 1만 원으로 인상해야 한다.	최저임금을 1만 원으로 인상하면 안 된다.
찬성 이유	반대 이유
찬성 의견에 대한 비판	반대 의견에 대한 비판

② 찬성과 반대 중 자신의 입장을 선택하고, 그 이유를 써 봅시다.

③ 최저임금 인상 외에 저임금 노동자를 위한 다른 방안을 고민하여 써 봅시다.

④ 최저임금 인상으로 어려움을 겪는 중소 영세사업장을 지원할 방안을 고민하여 이야기해 봅시다.

활동 2. 밥상 차리기

1. 행복밥상 차리기

한 가족이 한 달 동안 행복하게 살기 위해 필요한 비용은 얼마인지 작성해 봅시다.

모둠끼리 자유롭게 가족을 구성하고, 생활에 필요한 항목을 정해 봅시다.

(예시) 엄마, 아빠, 고등학생 아들, 중학생 딸 / 엄마, 고등학생 딸, 중학생 아들, 초등학생 아들

식비, 주거비, 의류비, 병원비, 교육비, 전기료, 보험료, 차량유지비, 통신비, 여행비, 책값, 문화생활비 등

항목	비용	항목	비용
합계			

2. 최저임금으로 밥상 차리기

① 노동자의 최저임금에 맞춰 생활비의 항목과 비용을 조정해 봅시다.

> 최저임금법 제6조(최저임금의 효력)
>
> 사용자는 근로자에 대하여 최저임금액 이상의 임금을 지급하여야 한다.
>
> 2022년 시간급: 9,160원
>
> 2022년 월급: 191만 4,440원(209시간 기준)

항목	비용	항목	비용
합계			

② 최저임금으로 밥상을 차리고 난 후, 우리 사회의 노동자들이 노동의 충분한 대가를 받는다고 생각하는지 자신의 의견을 이야기해 봅시다.

③ 영상 〈노동인권 건강한 임금 최저임금이 필요한 이유〉를 시청하고 느낀 점을 이야기해

상상 나눔_'사업장 임금' 너머 상상하기

불평등한 임금 분배를 해소할 방안을 고민하고, 동일노동 동일임금에 대해 알아보자. 누구나 인간다운 생활을 영위할 수 있는 사회는 개인의 노력과 국가정책, 사회복지에 의해 가능해진다. 누구나 행복하게 일하며 살아갈 수 있는 사회복지 시스템과 시민으로서의 권리에 대해 고민해 보자.

활동 1. 불평등한 임금 분배

1. 정규직과 비정규직의 통계 비교

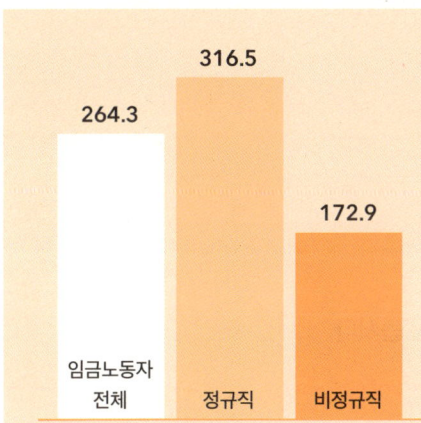

노동 형태별 월평균 임금(단위: 만 원)

	평균 근속 시간	사회보험 가입률		
		국민연금	건강보험	고용보험
임금노동자 전체	5년 11개월	69.5%	75.5%	70.9%
정규직	7년 10개월	87.5%	91.5%	87.2%
비정규직	2년 5개월	37.9%	48.0%	44.9%

통계청(2019)

① 자료의 임금노동자 전체 통계를 기준으로 정규직과 비정규직의 임금, 근속 시간, 사회보험 가입률을 비교하여 정리해 봅시다.

② 만약 내가 동일한 노동을 하고 비정규직 임금을 받는다면 어떤 느낌이 들지 써 봅시다.

③ 불평등한 임금 분배 문제를 해소할 방법을 생각하여 써 봅시다.

2. 동일노동 동일임금

- 인간으로서 존중받을 권리는 가장 기본적인 권리이자 누구나 누려야 할 권리이다. 어떤 형태의 일자리에서든 차별받지 않을 권리, 노동에 대한 충분한 보상을 받을 권리, 성실히 일한다면 갑자기 일자리를 잃거나 위험한 환경에 내몰리지 않을 권리는 현재를 살아가는 학생들에게도 중요한 권리이다.

- 동일노동 동일임금(equal pay for equal work)
  같은 가치를 가지는 노동에 대해서는 성별, 나이, 신분 등의 차별 없이 동일한 임금을 지급해야 한다는 원칙이다.

- 1919년 국제노동기구(ILO)가 동일노동 동일임금 원칙을 선언했고, 1966년 유엔도 경제적·사회적 및 문화적 권리에 관한 국제규약에서 "근로자들에게 공정한 임금과 어떠한 종류의 차별도 없는 동등한 가치의 노동에 대한 동등한 보수를 보장한다."라고 규정했다.

- 동일노동 동일임금 적용의 효과
  2009년 일본의 한 유통업체가 일본 최초로 이 정책을 도입했다. 이 기업의 정규직과 비정규직은 동등한 조건에서 근무하며, 동일한 일을 하면 동일한 임금을 받는다. 나이나 학벌을 따지지도 않는다. 직원들은 일한 만큼 보상을 받기 때문에 일에 대한 책임감이 커졌다고 한다. 비정규직의 임금을 올리면 회사 경영이 어려워질 것이라는 우려와 달리, 회사의 영업이익은 이후 7년 사이에 세배나 늘었다고 한다.

① 앞의 글을 읽고 동일노동 동일임금의 긍정적인 측면을 생각하여 써 봅시다.

② 우리 사회에서 동일노동 동일임금이 실현된다면 어떤 변화가 일어날지 상상해서 써 봅시다.

③ 누구나 차별 없이 노동에 대한 공정한 임금을 받으며 인간다운 삶을 살 수 있는 사회를 만들기 위해 국가가 해야 할 역할은 무엇인지 이야기해 봅시다.

활동 2. 인간다운 생활이 보장되는 행복한 사회

1. 노동조합의 역사

노동조합은 노동자가 주체가 되어 노동조건의 유지, 개선 등 노동자의 경제적·사회적 지위 향상을 도모하기 위해 조직된 단체이다.

노동조합은 산업혁명의 발상지인 영국에서 시작했다. 자급자족에 가까운 가내 수공업 생산체제일때, 노동자는 노동자인 동시에 고용주였다. 그러나 산업화로 노동자와 고용주가 분리됨에 따라 여러 가지 노동문제가 생겼다. 하지만 노동자들의 단결을 금지하는 법률이 있어 노동자들은 노동문제에 대해 목소리를 낼 수 없었다.

1819년 8월, 6만 명의 노동자들이 영국 맨체스터 피털루 광장에 모여 시민으로서의 권리인 보통선거권을 요구하며 집회를 하였다. 집회 지도자의 연설 도중 집회를 진압하려는 기병대의 습격으로 11명이 사망하고 400여 명이 부상당하는 일이 발생했다. 이것이 '피털루 대학살'로 불리는 민중운동 탄압 사건이다.

1824년 노동자들의 단결금지법이 폐지되자 노동자들은 다시 모여 공개적으로 보통선거권을 요구하고, 나아가 노동자의 권리를 지키기 위한 노동조합을 설립하였다. 그리고 약 50년 후인 1872년 노동조합이 합법화되었다.

노동자들은 노동자의 권리 향상 및 실현을 목적으로 노동자 정당도 설립하였다. 최초의 노동자 정당은 1863년 독일에서 설립된 '전독일노동자연맹(ADAV)'이다. 또한, 노동자들의 국제적 단결을 위해 런던과 파리에서 국제노동자연맹을 창립하였다.

① 노동자들이 노동조합을 만드는 이유를 생각하여 써 봅시다.

② 노동자와 시민에게 선거권이 없다면 어떤 상황이 발생할지 생각하여 써 봅시다.

2. 헌법 속 노동

헌법은 국민의 기본적 인권을 보장하고 시민과 국가의 관계를 규정하는 최고의 규범입니다. 헌법 속 노동 관련 조항을 함께 읽어 보고, 노동 3권에 대해서도 알아봅시다.

헌법 제32조
① 모든 국민은 근로의 권리를 가진다. 국가는 사회적·경제적 방법으로 근로자의 고용의 증진과 적정임금의 보장에 노력하여야 하며, 법률이 정하는 바에 의하여 최저임금제를 시행하여야 한다.
③ 근로조건의 기준은 인간의 존엄성을 보장하도록 법률로 정한다.

헌법 제33조
① 근로자는 근로조건의 향상을 위하여 자주적인 단결권·단체교섭권 및 단체행동권을 가진다.

노동 3권
노동 3권은 노동자의 인간다운 생활을 보장하기 위해 헌법에 보장된 기본권으로 단결권, 단체교섭권, 단체행동권이 있다.
단결권은 노동자들이 단결할 수 있는 권리다. 근로조건의 개선을 위해 사용자와 협상할 수 있도록 노동조합 등의 노동자 단체를 조직할 수 있는 권리다.
단체교섭권은 노동조합이 노동자들을 대표하여 근로조건의 개선을 위해서 사용자와

교섭할 수 있는 권리다. 노동조합과 사용자 간의 단체협약은 다른 근로계약보다 우선하여 법적 효력을 발휘한다.

단체행동권은 노동자가 사용자에 대항하여 단체행동을 할 수 있는 권리다. 노동자의 요구를 관철하기 위한 수단으로 단체행동에 나서는 것을 보장한다. 노동자는 노동조건 등의 개선을 위해 파업 등 사용자를 압박하는 방법을 사용할 수 있다. 동맹파업, 불매운동, 감시 행위, 집회, 연장 근무 거부 등이 단체행동에 해당된다. 단체행동권은 사회경제 질서에 대한 파급효과가 심각하기 때문에 행사 요건이 까다롭다. 또한 사용자에게 주는 불이익이 크기 때문에 근로자의 단체행동에 대해서 사용자에게는 직장폐쇄를 할 수 있는 대응 수단이 인정된다.

① 노동자들에게 주어진 헌법 속 권리를 찾아 써 봅시다.

② 헌법에서 노동 3권을 보장한 이유가 무엇인지 생각하여 써 봅시다.

활동 3. 사회복지 시스템 비교를 통해 시민으로서의 권리 상상하기

사회복지는 사회적 약자뿐만 아니라 모든 시민들이 물질적 풍요와 정신적 만족을 느끼며 인간다운 삶을 살 수 있도록 보장하는 것을 목표로 합니다.
다음 글을 읽고 두 국가의 사회복지 시스템을 비교해 봅시다.

A국가

평생 무료로 병원 진료를 받을 수 있고, 대학까지 무료교육을 받을 수 있다. 대학생은 매달 약 120만 원의 생활비를 정부에서 받는다. 공부를 잘하는 것은 여러 재능 중 하나에 불과하다고 생각하여 초등학교 7학년까지 시험이 없고, 등수도 매기지 않는다. 동일노동 동일임금제도가 있으며 실직할 경우 정부에서 2년 동안 생활비를 보조해 준다. 또한 재취업을 할 수 있도록 정부가 적극적으로 도와준다. 노동조합 조직률이 70%로, 노동자들은 부당한 대우를 받거나 갑자기 해고될 것을 걱정하지 않아도 된다. 고소득자들은 월급의 50% 이상을 세금으로 납부한다.

B국가

병원 진료비의 대부분을 개인이 부담하고, 고등학교까지만 무료교육을 받을 수 있다. 대학 등록금은 연 700만 원~1,000만 원 수준으로 개인이 부담해야 한다. 입시 중심의 교육제도로 초등학교 때부터 시험과 학습에 대한 부담이 크다.
정규직과 비정규직 간의 차별이 존재하며 정규직의 임금이 비정규직의 2배에 달한다. 직장에서 실직할 경우 실업급여를 받을 수 있으나, 자발적으로 그만두는 경우에는 실업급여를 받을 수 없다. 노동조합 조직률이 12.5%로, 노동자들은 직장을 다니며 언제 해고당할지, 부당한 대우를 받진 않을지 걱정한다. 소득 대비 세금 납부액 비중은 19.5% 정도이다.

① A국가와 B국가를 비교하여 어떤 차이가 있는지 정리해 봅시다.

	A국가	B국가
복지제도		
임금		
세금		
노동조합 조직률		

② 자신이 하고 싶은 일을 하면서 행복하게 살 수 있는 나라를 찾아, 그 나라의 복지제도에 대해 조사해 봅시다.

학교에서 III

09

기후위기 대응 교육
주제 통합 수업을 중심으로

김영희 수원천천고등학교 교사

- 기후위기는 나의 책임인가?
- 구조의 관점에서 바라보기
- 교내 환경정책을 우리 손으로 바꾸기

기후위기는 더 이상 다른 나라에서 일어나는 나와 무관한 문제가 아니다.
기후위기 극복을 위해 우리는 시민으로서 가시적인 변화를 이끌어 낼 수 있도록
구조적 변화를 꾀해야 한다. 우리 손으로 구조를 바꿀 상상을 해 본 적이 있는가?
우리는 생각보다 더 큰 힘을 지니고 있다.

질문 나눔_기후위기는 나의 책임인가?

환경 문제는 지구에 살고 있는 모든 존재의 생존과 관련된 문제이다.
기후위기가 나와 너의 문제임을 알고, 그에 대한 책임을 인식하여야 한다. 내가 누리는 모든 것이 다른 존재들에게 영향을 미친다는 사실을 인식하고, 개개인이 어디까지 책임져야 하는지 범위를 다시 설정해 보자. 그것이 우리 모두 지구에서 생존할 수 있는 길이다.

활동 1. [윤리] 어디까지 책임져야 할까?

기후위기로 인해 다른 나라에서 일어나는 비극을 뉴스로 접하며 우리는 너무나 쉽게 안타깝다고 말한다. 그러나 안타깝지만 나와는 상관없는 다른 나라의 일이라고 생각한다. 하지만 그들과 우리는 정말 각자 분리된 삶을 살고 있는 것일까?
인간이 소비하는 모든 것은 한 나라에 국한되지 않고 지구적으로 연결되어 있다. 예를 들어, 식탁에 올라오는 식재료들의 원산지를 확인해 보자. 햄을 만드는 데 사용되는 돼지고기는 스페인이나 캐나다에서 수입된다. 식빵의 재료인 밀가루는 프랑스산, 두부를 만드는 대두는 미국산이 대부분이다. 지금 입고 있는 옷의 라벨을 살펴보면 대부분 동남아시아, 혹은 동유럽 국가에서 만들어진 옷이다.
이렇게 우리는 다른 나라에서 생산된 곡식이나 물건을 사용한다. 그러면서도 다른 국가에서 들려오는 기후위기 소식은 남의 일이라고 생각한다. 기후위기로 인한 피해를 직접 겪지 않는다는 이유로 환경 문제에 대해 "나는 관련 없어."라고 선을 긋는 것은 무책임한 행동이다.
기후위기의 본질적인 원인을 제공한 '범인'이 우리가 아닐 수도 있다. 하지만 그렇다고 우리가 환경 문제에 대해 어떤 대응 행동도 하지 않아도 되는 것은 아니다.
환경 문제의 원인 중 하나는 물건을 생산하고 판매하며 이윤을 창출하는 자본주의 구조이다. 기업은 돈을 벌기 위해 끊임없이 물건을 만들고, 소비자는 그것을 구입한다. 새로운 물건을 위해 지갑을 여는 소비자의 행동은 또다시 기업이 자원을 착취하고 공장을 가동하는 일로 이어진다. 그 과정에서 발생하는 온실가스로 환경은 더욱 파괴된다. 다시 한 번 스스로에게 질문해 보자. 우리는 정말 기후위기에 대해 책임이 없다고 말할 수 있는가?

① 기후위기 문제의 책임에 대한 저자의 입장을 정리한 뒤, 그에 대한 나의 생각을 써 봅시다.

저자의 입장	나의 생각

② 다음 문장에 대한 동의의 정도를 가치 수직선 위에 표시하고, 그 이유를 이야기해 봅시다.

우리는 다른 나라에서 생산된 곡식이나 물건을 사용한다. 그러면서도 다른 국가에서 들려오는 기후위기 소식은 남의 일이라고 생각한다.

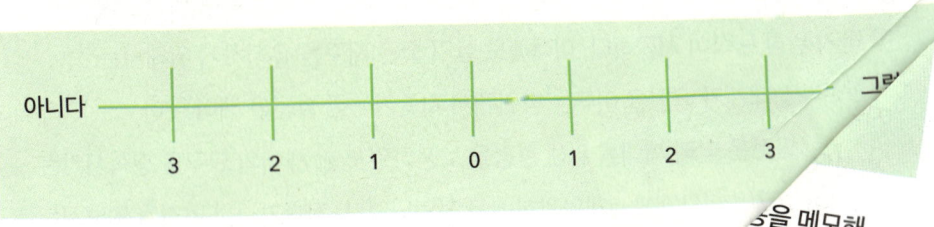

③ ②의 문장에 대한 모둠원의 생각을 경청하며 내가 미처 생각하지 못한 점을 메모해 봅시다.

④ '기후위기의 본질적인 원인을 제공한 범인'이 의미하는 것은 무엇인지 자신의 생각을 쓰고, 모둠원과 공유해 봅시다.

활동 2. [과학] 지속가능한 발전이란 무엇일까?

급격한 기후 변화는 인간을 비롯한 생태계에 돌이킬 수 없는 영향을 주기 때문에 이를 막기 위한 노력이 시급하다. 미래에도 살기 좋은 지구를 유지하기 위해서는 자연환경과 생태계가 균형을 이루는 범위에서 지속가능한 발전을 해야 한다.
가능한 발전은 미래 세대를 위해 환경을 보전하면서 현 세대의 요구를 충족시키는 발전 1987년 환경개발세계위원회에서 정의되었다. 지속가능한 발전을 위해서는 환경적 경제적 요소가 함께 고려되어야 한다.

① '미래 세대를 위해 환경을 보전하면서 현 세대의 요구를 충족시키는 발전'이란 무엇일까요? 지속가능한 발전에 대한 자신의 생각을 써 봅시다.

② 유엔은 지속가능한 발전을 인류 공동의 목표로 보고 '지속가능발전목표'를 채택하였습니다. 지속가능발전목표에 대해 조사하여 쓰고 모둠원과 토의해 봅시다.

③ ②에서 토의한 내용을 UCC로 제작하기 위한 스토리보드를 작성해 봅시다.

실천 나눔_구조의 관점에서 바라보기

기후위기에 대응하기 위해 다양한 활동을 하는 단체에 대해 알아보고, 이를 바탕으로 실천 방향을 고민해 보자. 기후위기 문제의 본질적 해결을 위해서는 개인의 노력과 함께 구조의 변화가 필요하다. 구조 변화를 모색하기 위해 구조의 관점에서 바라보고 문제점을 파악해 보자.

활동 1. [국어] 기후위기, 지금 말하고 당장 행동하라

'청소년기후행동'을 소개하는 글을 읽어 봅시다.

> 청소년기후행동은 기후위기의 당사자인 청소년, 청년의 목소리와 행동으로 기후 문제 해결을 위해 유의미한 변화를 만드는 기후 운동 단체이다. 한국의 청소년, 청년들이 주도하여 기후 문제 해결의 주체로서 1.5도 이내로 지구 평균 온도상승을 막기 위한 실질적인 정책과 정치 변화를 만들고 있다.
>
> 당사자 기후 운동 조직으로서 청소년기후행동은 청(소)년 세대의 기후위기에 대한 위기의식과 목소리들을 반영하여 정부가 기후위기의 시급성을 인지하고 즉각 대응할 수 있도록 전략적인 선택들을 만들기 위해 노력하고 있다.

① 청소년기후행동의 다양한 활동을 조사하여 정리해 봅시다.

② 청소년기후행동의 활동을 상징하는 문구와 사진입니다. 평소 생각해 오던 기후위기에 대응하는 청소년의 행동과 이 단체의 행동을 비교해 보고 같은 점과 다른 점을 써 봅시다.

③ 우리 학교에서 진행되는 기후위기 대응 프로그램들을 조사하여 정리하고, 나아가야 할 방향을 논의해 봅시다.

활동 2. [기술가정] 구조의 변화 vs 개인의 실천

다음은 녹색연합이 우리나라 주요 기업의 온실가스 배출량 명세서 자료를 분석한 결과입니다.

자산 총액 기준 상위 10대 그룹과 공기업인 한국전력공사에서 배출한 온실가스의 총량은 국가 전체 배출량의 64%를 차지하는 것으로 확인되었다. 이러한 수치는 일부 대기업이 져야 할 기후위기 대응 책임이 막중하다는 사실을 보여 준다.

기업집단명	명세서 배출량 합계 (tCO2)	국내 배출량 기여도(%)	자산총액 (십억 원)	자산 총액 순위	계열 회사수	명세서 제출 업체수	기업집단 내 최다 배출 기업 (배출비율)
한국전력	181,432,888	27.97	203,142	4	30	12	한국남동발전(23.4%)
포스코	85,341,708	13.16	82,036	7	33	8	포스코(88.6%)
현대자동차	31,897,468	4.92	246,084	2	53	14	현대제철(89.7%)
에스케이	28,350,752	4.37	239,530	3	148	28	SK에너지(24.4%)
지에스	20,774,157	3.20	67,677	9	80	11	GS칼텍스(37.5%)
삼성	19,013,885	2.93	457,305	1	59	12	삼성전자(65.9%)
엘지	16,439,837	2.53	151,322	5	70	16	LG화학(49.7%)
한화	12,297,122	1.90	72,898	8	83	7	한화토탈(39.0%)
현대중공업	9,320,875	1.44	63,803	10	33	10	현대오일뱅크(74.4%)
롯데	8,601,894	1.33	111,781	6	86	18	롯데케미칼(64.7%)
농협	276,834	0.04	63,552	11	58	4	농협은행(34.0%)

녹색연합(2021)

① 자료를 보고 새로 알게 된 내용을 정리하여 쓰고, 어떤 생각이 들었는지 모둠원과 생각을 나누어 봅시다.

② 기업 온실가스 배출량에 대한 국내와 해외의 규제 사례를 각각 조사하여 정리하고, 모둠원과 공유해 봅시다.

③ 기후위기 문제를 해결하기 위해서 개인의 실천과 구조의 변화가 어느 정도의 비중으로 이루어져야 할까요? 자신의 생각을 가치 수직선에 표시하고, 그 이유를 써 봅시다.

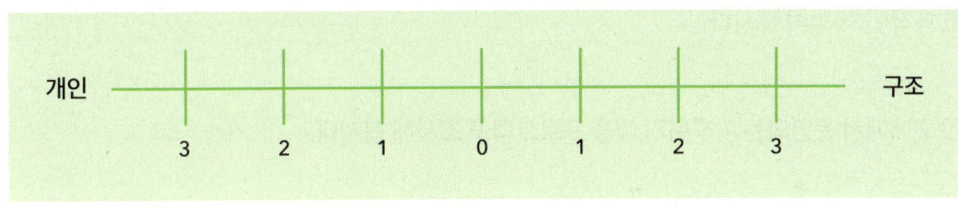

상상 나눔_교내 환경정책을 우리 손으로 바꾸기

교내 기후위기 대응 프로그램을 조사하여 문제점을 파악하고 개선 방안을 고민해 보자. 개선 방안을 바탕으로 정책을 제안하고 구조의 변화를 이끌어 낼 수 있다. 우리의 실천이 변화를 위한 티핑 포인트가 될 수 있다.

활동 1. [사회문화] 교내 기후위기 대응 프로그램 만족도 분석 및 보완

교내 기후위기 대응 프로그램을 조사하고, 학생들의 관련 인식을 실제로 바꾸는 데 효과적인지 알아봅시다.

① 교내에서 운영되는 기후위기 대응 프로그램을 조사해 봅시다.

② 모둠별로 ①에서 조사한 프로그램 중 탐구 대상을 하나씩 선정한 뒤, 프로그램에 참여한 학생의 인식이 얼마나, 어떻게 변화했는지 확인할 수 있는 설문 자료를 제작해 봅시다.

- 설문 대상:
- 설문 방식:

- 질문 1.
- 질문 2.
- 질문 3.
- 질문 4.

③ 설문조사를 실시한 후, 설문 결과를 바탕으로 프로그램의 장점과 단점을 정리해 봅시다.

장점	
단점	

④ 단점으로 지목된 문제를 개선할 수 있는 방안을 모둠원과 논의해 봅시다.

⑤ 모둠원과 논의한 개선 방안을 정리하여 교실 게시용 자료로 만들어 봅시다. 이 자료를 바탕으로 정치 수업 시간에 정책 제안서를 작성할 예정입니다.

활동 2. [정치] 교내 정책 제안서 작성

현실을 개선하기 위해서는 구조를 바꾸어야 합니다. 기후위기 대응을 위한 교내 정책을 제안해 봅시다.

① 사회문화 수업 시간에 진행한 각 모둠의 설문조사 결과 및 교내 프로그램 개선 방안을 살펴보고, 인상 깊은 내용을 메모해 봅시다.

② 모둠별로 다른 학교나 기관의 기후위기 대응 사례를 조사한 후, 타당성과 적절성을 논의해 봅시다.

사례	사례가 돋보이는 이유	우리 학교에 적용했을 때 예상되는 결과

③ 정책 제안서란 새로운 정책의 제정이나 기존 정책의 수정이 필요하다고 생각하는 경우, 정부나 관련 기관에 제안하는 내용을 정리한 문서입니다. 정책 제안서는 상대방을 설득할 수 있도록 깔끔한 형식, 명료한 내용, 설득력 있는 문장으로 작성해야 합니다. 정책 제안서에 대해 알아보고 직접 작성해 봅시다.

정책 제안서의 구성 요소 및 작성 방법

1. 제목
- 정책 제안서의 내용을 한눈에 알 수 있도록 짧게 함축하여 표현한다.

2. 제안 배경
- 개요: 정책 제안서를 작성하는 취지나 목적을 쉽게 파악할 수 있도록 제안 배경이나 상황을 논리적인 순서에 따라 간단명료하게 서술한다.
- 현황 및 문제점: 현재 시행되고 있는 제도의 현황과 문제점을 자세히 서술한다.

3. 정책 과제
- 개선 방안: 기존 문제점을 개선하기 위해 제안하는 정책의 세부 내용을 자세히 서술한다.

4. 기대 효과
- 제안한 정책이 실시될 경우 기대되는 효과를 간단명료하게 서술한다.

활동 내용	정책 제안서 작성하기	제안자	

제목

제안 배경

정책 과제

기대 효과

10 그림책 토론
장애 인식을 중심으로

김민경 인천남동중학교 교사

- 우리는 서로 얼마나 다를까?
- 질문으로 하는 그림책 토론
- 다시 그리는 우리의 일상

그림책은 어린이만을 위한 책이 아니다. 전하고자 하는 주제의 메시지를 그림과 짧은 글로 전달하기 때문에 어른, 아이 할 것 없이 모두에게 큰 울림을 준다. 그림책 토론을 통해 존중받는 것은 누구에게나 당연한 권리임을 알고, 그 당연한 권리가 지켜지는 일상을 상상해 보자.

질문 나눔_우리는 서로 얼마나 다를까?

생각과 마음을 나누기 위해서는 서로에 대해 알아야 한다.
내가 누구인지 친구들에게 소개하고, 서로를 알아 가는 시간을 가진 후,
함께 생각하고 공유할 주제인 장애 인식에 대해 살펴보자.

활동 1. 자기소개하고 모둠 만들기

1. MBTI 성격유형으로 소개하기

MBTI 성격유형 지표			나의 선택
외향형 E • 폭넓은 대인관계 • 사교적, 활동적	에너지의 방향	내향형 I • 깊이 있는 대인관계 • 신중함, 집중력	
감각형 S • 실제 경험 중시 • 정확, 철저한 일 처리	인식 방식	직관형 N • 직관에 의존 • 신속, 비약적	
사고형 T • 진실과 사실에 관심 • 논리적, 분석적	결정 방식	감정형 F • 사람, 관계에 관심 • 상황적, 포괄적	
판단형 J • 분명한 목적, 방향 • 철저한 사전 계획	삶의 양식	인식형 P • 상황에 맞는 변화 • 융통과 적응	

① MBTI 성격유형 지표를 보고 나의 성격유형을 선택하여 써 봅시다.

② MBTI 성격유형별 자기소개 키워드를 참고하여 나를 소개하는 글을 써 봅시다. 성격이나 행동 등을 구체적으로 설명해 봅시다.

MBTI 성격유형별 자기소개 키워드

INTP 논리적	ISFJ 용감한	INFJ 이타적	INTJ 용의주도
#독창적 #지적 #영리한 #효율적 #몰두 #열정	#배려 #목표지향적 #단호한 #너그러운 #신중한 #섬세한	#수용적 #책임감 #꼼꼼한 #너그러운 #친절한 #신중한	#결단력 #전략적 #상상력 #논리적 #호기심 #지적
ISTJ 청렴결백	INFP 열정적	ISFP 호기심	ISTP 재주꾼
#논리적 #분석적 #규칙적 #책임감 #정직한 #정확한	#긍정적 #중재자 #공감 능력 #융통성 #감성적 #섬세한	#감각적 #신중한 #탐험 정신 #융통성 #열정적 #배려	#탐색적 #호기심 #도전적 #책임감 #객관적 #관찰력
ESTP 모험을 즐기는	ENFP 재기발랄	ESFP 자유로운	ENTP 강한 추진력
#행동력 #긍정적 #호탕한 #다재다능 #예리한 #인싸	#호기심 #자유로운 #창의적 #열정적 #분위기 메이커	#사교적 #쾌활한 #관찰력 #독창적 #낙천적	#재치 #자유분방 #주도적 #창의적 #독창적 #카리스마
ESTJ 엄격한	ESFJ 사교적	ENFJ 정의로운	ENTJ 리더십
#체계적 #명확한 #행동력 #의리 #헌신 #계획적 #책임감	#호기심 #정직한 #섬세한 #인싸 #책임감 #객관적 #의리	#리더십 #이타적 #관용 #모범적 #설득력	#대담한 #전략적 #지도자 #단호한 #솔직한 #냉철한

나의 성격유형(MBTI)	
나를 소개합니다 (키워드로 문장 만들기)	

2. 질문 카드로 자기소개하기

질문 카드는 다양한 질문을 통해 자기 자신에 대해 생각할 기회를 갖게 하고, 낯선 사람들과 짧은 시간에 진심 어린 대화를 나눌 수 있도록 도와주는 소통 도구입니다. 다양한 질문을 담아 질문 카드를 만들어 봅시다. 그리고 질문 카드 중 한 장을 뽑아 카드에 쓰인 질문을 읽고, 질문에 답하며 나를 소개해 봅시다.

(예시)

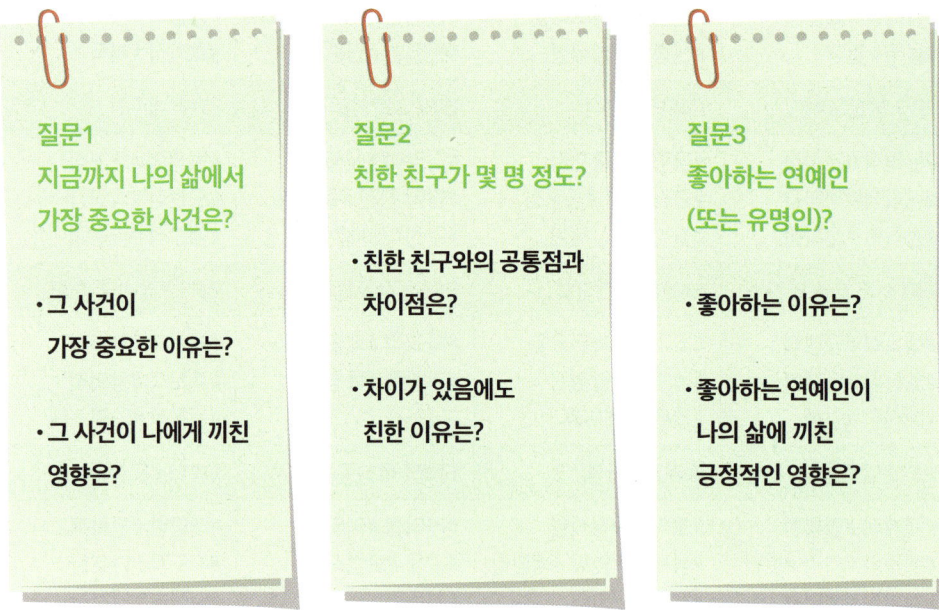

활동 2. 주제 탐색하기 - 장애 인식

① 영상 〈대한민국의 진짜 현실입니다〉를 시청하고 느낀 점을 써 봅시다.

② 그림책 『위를 봐요!』를 읽고, 느낀 점을 써 봅시다.

그림책 『위를 봐요!』는 교통사고로 다리를 다쳐 집에서만 생활하는 수지의 이야기이다. 수지는 휠체어를 탄 채 베란다에서 아래를 내려다보는 것이 일상이다. 바삐 걸어가는 사람, 강아지를 산책시키는 사람.
'내가 여기 있어요. 아무라도 좋으니 위를 봐요.'
그러나 수지의 마음속 외침은 사람들에게 닿지 않는다. 그때 한 아이가 고개를 들어 위를 바라보다 수지와 눈이 마주친다. 아이는 길 위에 누워 수지를 바라보고, 그 모습을 본 사람들이 하나둘 함께 누워 수지를 바라본다. 이제 수지는 사람들의 얼굴을 바라보고, 눈을 마주하며 웃을 수 있다.

③ 영상과 그림책의 공통점과 차이점을 찾아 써 봅시다.

공통점

차이점

실천 나눔_질문으로 하는 그림책 토론

그림책을 읽고 장애인과 비장애인의 일상의 차이를 떠올리며 장애인들이 어떤 어려움을 겪는지 생각해 볼 수 있다. 문제상황을 해결하기 위해 질문을 만들고, 5WHY 토론을 해 보자. 토론 활동을 하며 그림책이 진짜 하고 싶은 이야기가 무엇인지, 문제상황을 어떻게 풀어 나갈지 생각해 보자.

활동 1. 질문 만들기

① 그림책 『위를 봐요!』를 보고 떠오른 생각이나 궁금한 점 등 그림책의 내용이나 등장인물과 관련하여 질문 세 가지를 만들어 봅시다.

질문 1	
질문 2	
질문 3	

② 각자 만든 질문들을 모둠에서 공유해 봅시다.

③ 토의를 통해 모둠원들이 가장 궁금해 하는 으뜸 질문을 선정해 봅시다. 그리고 선정한 이유를 함께 써 봅시다.

으뜸 질문	
선정 이유	

활동 2. 그림책 토론하기

문제에 부딪혔을 때 어떻게(HOW)에 집중하기보다는 문제의 본질(WHY)에 집중해야 합니다. 5WHY란 문제의 근본 원인을 찾기 위해 왜 문제가 발생했는지 연속적으로 5번에 걸쳐 질문하는 문제해결 방법입니다.

① 모둠에서 선정한 으뜸 질문을 '왜?(WHY)'의 형식으로 바꾸어 봅시다.

으뜸 질문	
WHY 질문	

② WHY 질문으로 바꾼 으뜸 질문을 1WHY로 시작하여 5WHY까지 토론하기를 진행해 봅시다.(1WHY의 이유로 쓴 내용을 2WHY 질문으로 바꾸어 진행하면 됩니다.)
그리고 5WHY 토론을 통해 도달한 결론을 써 봅시다.

(예시)

WHY	질문	이유
1WHY	수지는 '위를 봐요'라는 말을 왜 마음속으로만 외쳤을까?	아무도 듣지 않을 것이라 생각해서
2WHY	왜 아무도 듣지 않을 것이라 생각했을까?	사람들은 다른 사람의 아픔에는 관심이 없으니까
3WHY	왜 사람들은 다른 사람의 아픔에는 관심이 없을까?	장애는 나의 일이 아니라고 생각하기 때문에
4WHY	…	…

WHY	질문	이유
1WHY		
2WHY		
3WHY		
4WHY		
5WHY		
결론		

활동 3. 그림책 토론 활동 마무리하기

그림책 『위를 봐요!』가 진짜 하고 싶은 이야기는 무엇인지 생각해 봅시다. 그림책 속 수지의 마음과 수지가 마주한 현실, 문제점, 해결 방안, 공감 등 다양한 생각을 한 편의 글로 써 봅시다.

상상 나눔_다시 그리는 우리의 일상

토론의 결과를 우리의 일상에서 나눌 수 있는 방법을 고민하고 실천해야 한다. 일상에 만연해 있는 장애인에 대한 차별적 시선에 대해 다시 한 번 생각해 보고, 장애 청소년들의 학습권과 이동권이 당연한 권리로 보장받는 일상을 만들기 위해 우리가 할 수 있는 일을 고민해 보자.

활동 1. 장애 인식 알아보기

다음 기사와 댓글을 읽고 느낀 점과 내가 이 기사에 댓글을 단다면 어떤 내용을 쓸지 써 봅시다.

> "우리 아이도 마음껏 놀이터에서 놀 수 있었으면…."
>
> 장애아동을 키우는 부모들은 '우리 아이도 남들 눈치 안 보고 마음껏 놀이터에서 놀 수 있었으면 좋겠다'라는 절박한 마음을 가지고 있다. 그러나 놀이터의 놀이 기구는 장애아동이 타거나 놀 수 없는 것이 대부분이다. 휠체어 그네 등 별도로 개발된 놀이 기구도 현행법에 따른 안전기준이 없어 기존 놀이터에는 설치할 수 없다.
> 놀이 기구의 문제뿐만 아니라 장애아동의 경우 놀이터에게 지켜야 하는 규칙을 이해하고 지키는 데에도 어려움이 있다. 또한 눈에 보이는 장애 때문에 호기심을 가지고 접근하거나 뒤에서 수군거리는 경우가 많아 당사자인 장애아동과 부모는 불편할 수밖에 없다.
> 불편한 시선과 행동에 상처받은 장애아동의 부모들은 타인의 시선에서 자유롭게 내 아이가 놀 수 있는 공간을 원한다. 장애아동과 비장애아동이 어울려 규칙 없이도 놀 수

있는 곳이 없을까? 서로를 장애와 비장애로 구분하지 않고 편견 없이 친구로 성장할 수 있도록 놀이터를 바꿔 보자는 생각에서 '모두를 위한 놀이' 체험 전시회를 기획했다고 한다.

ID 마**: 억지로 장애인과 비장애인을 엮지 않았으면 좋겠다.

ID k**: 몸이 불편한 아이는 이해할 수 있지만 자폐의 경우 내 아이의 안전을 담보할 수 없어요. 상황은 이해하지만 내 아이가 다치는 상황은 만들고 싶지 않아요.

ID 사**: 유럽이나 북아메리카 등 선진국에서는 몸이 불편하다고 해서 차별받지 않는다. 지인 중 한 명은 몸이 불편해서 차별 없는 캐나다로 이민을 갔다.

기사를 읽고 느낀 점
_____
_____
_____

댓글을 읽고 느낀 점
_____
_____
_____

내가 댓글을 단다면
_____
_____
_____
_____

활동 2. 수지의 일상을 디자인하기

1. 유니버설 디자인에 대해 알아보기

유니버설 디자인이란 무엇인지 의미와 원칙을 조사하여 써 봅시다.

의미

원칙

2. 유니버설 디자인 해 보기

① 그림책 『위를 봐요!』의 주인공인 수지가 우리 학교로 전학 온다면, 수지의 학교생활이 불편하지 않도록 가장 먼저 바뀌어야 할 학교시설과 그 이유를 써 봅시다.

학교시설

이유

② 모둠별로 토의를 통해 바뀌어야 할 학교시설을 골라 유니버설 디자인을 해 보고, 그림으로 표현해 봅시다.

③ ②의 유니버설 디자인을 설명하는 글을 써 봅시다.

3. 학생자치회에 유니버설 디자인 제안하기

학교는 장애의 유무와 상관없이 모든 학생들이 교육을 받고 친구들과 어울리며 생활하는 일상 공간입니다. 일상 공간인 학교에서 누구든 불편함을 겪지 않도록 학교시설을 바꾸는 것은 배려가 아니라 당연한 나눔입니다. 이러한 당연한 나눔을 당당하게 누릴 수 있도록 학교 학생자치회에 제안해 봅시다.

① 모둠별로 고안한 유니버설 디자인을 발표하고, 우리 반에서 제안할 대표 디자인을 정해 봅시다.

② 유니버설 디자인 도입의 필요성과 우리 반이 제안하는 유니버설 디자인을 설명하는 자료를 만들어 학생자치회에 제안해 봅시다.

11 연극으로 삶을 경험하고 사회를 만나다

김세왕 인천예송초등학교 교사

- 세상에 질문 던지기
- 토론 연극으로 길 찾기
- 꿈꾸는 사회를 상상하고 만들기

예술은 현실이라는 제한된 틀을 넘어 새로운 상상을 가능하게 만들어 준다.
예술로 사회를 비판적으로 바라보며 사회문제를 고발하기도 하고,
우리의 자유로운 생각과 새로운 사회에 대한 이상을 예술에 담기도 한다.
우리가 상상하는 사회를 연극으로 표현하며 나눔에 대한 새로운 접근 방법을 찾고,
권리형 나눔을 설계하고 실천해 보자.

질문 나눔_세상에 질문 던지기

우리가 살고 있는 세상에는 '당연한 것'들이 많다. 그런데 정말 당연한 것이었을까?
당연하다고 믿었기 때문에 그 당연함에 의문을 갖지 않았던 것은 아닐까?
예술 작품은 우리가 당연하다고 생각했던 것들을 새로운 관점으로 접근할 수 있게 한다.
새롭게 바라볼 때 기존의 당연함이 어떻게 달라질지 생각해 보자.
생각의 변화는 행동의 변화와 사회의 변화를 이끌어 낼 수 있다.

활동 1. 예술을 만나다

1. 시로 생각해 보기

삼학년

박성우

미숫가루를 실컷 먹고 싶었다
부엌 찬장에서 미숫가루통 훔쳐다가
동네 우물에 부었다
사카린이랑 슈가도 몽땅 털어 넣었다
두레박을 들었다 놓았다 하며 미숫가루 저었다

뺨따귀를 첨으로 맞았다

반성

함민복

늘
강아지 만지고
손을 씻었다
내일부터는
손을 씻고
강아지를 만져야지

① 시에서 인상 깊은 부분을 찾아 각각 밑줄을 그어 봅시다.

② 시의 화자가 어떤 모습과 성격을 가졌을지 각각 상상하여 써 봅시다.

③ 시의 화자는 사람들이 당연하다고 생각하는 것에 새롭게 접근합니다. 어떻게 접근했는지 화자의 행동이나 생각을 찾아 써 봅시다.

④ 시의 화자에게 하고 싶은 질문을 쓰고, 핫시팅 기법(hot seating, 의자에 앉는 순간 어떤 인물이 되었다고 상상하고 인물로서 질문에 대답하는 기법)을 사용하여 직접 대답해 봅시다.

2. 이야기로 생각해 보기

은혜 갚은 두꺼비

옛날 한 마을에 마음씨 착한 소녀가 살고 있었다. 하루는 소녀가 부엌에서 저녁밥을 하고 있는데 조그만 두꺼비 한 마리가 들어와 계속 지켜보는 것이었다. 배가 고파 그러는 것이라 생각한 소녀는 두꺼비에게 밥을 주었다. 그 후 두꺼비는 매일 찾아왔고, 소녀는 두꺼비가 동생처럼 느껴져 매일 밥을 주었다. 그렇게 일 년이 지나자 어느덧 두꺼비는 크게 자라 있었다.

한편 소녀가 사는 마을 뒷산 동굴에는 사람을 잡아먹는 지네가 살았다. 그래서 마을 사람들은 해마다 지네에게 처녀를 제물로 바치며 제사를 지냈다. 올해에는 그 소녀가 제물이 될 차례였다. 제삿날이 다가오자 소녀는 매일 눈물을 흘리며 두꺼비에게 밥을 주었다. 제삿날이 되어 소녀가 집을 떠나려 하자 두꺼비가 치맛자락을 물고 떨어지지 않았다.

"내가 없으면 밥 줄 사람이 없어 따라가려는 거구나."

결국 소녀는 치마폭에 두꺼비를 감춘 채 동굴로 향했다. 제사를 지내고 마을 사람들이 모두 돌아가자 동굴에는 두꺼비와 소녀만 남았다. 잠시 후 어디선가 커다란 지네가 나타나 소녀를 잡아먹으려고 하자 두꺼비는 소녀를 지키려고 지네 앞을 막아섰다. 두꺼비와 지네는 싸움을 벌였고, 그 모습을 본 소녀는 기절하고 말았다. 이튿날 아침 사람들이 동굴에 와 보니 죽은 줄 알았던 소녀는 기절해 있고, 그 옆에는 두꺼비와 지네의 시체가 있었다. 소녀는 자신을 지키기 위해 지네와 싸우다 죽은 두꺼비를 양지바른 곳에 묻어 주었다.

심청전

가난한 봉사 심학규의 딸로 태어난 심청은 일찍 어머니를 여의고, 눈먼 아버지의 보살핌으로 자란 뒤 아버지를 지극정성으로 모셨다. 어느 날 공양미 300석을 부처님께 바치면 아버지가 눈을 뜰 수 있다는 말을 들은 심청은 공양미를 구하고자 애썼으나 가난한 살림에 쉽지 않았다. 그때 마침 뱃사람들이 인당수에 제물로 바칠 처녀를 구하고 있었다. 심청은 아버지의 눈을 뜨게 하기 위해 공양미 300석을 받고 제물이 되어 인당수에 빠졌다. 그러나 심청의 효심에 감동한 용왕은 심청을 연꽃에 태워 다시 인당수로 돌려보냈다. 연꽃을 발견한 뱃사람들은 임금에게 연꽃을 바쳤다. 임금은 연꽃 속에 있던 심청에게 반하여 그녀와 혼인을 하였다. 왕비가 된 심청은 아버지를 찾기 위해 맹인 잔치를 열었고, 그곳에서 딸을 만난 심 봉사는 반가움과 놀라움에 눈을 떴다. 아버지를 위해 목숨까지 바친 심청의 효심은 많은 사람들을 감동시켰고, 아버지의 눈을 뜨게 하는 기적을 만들었다.

① 이야기를 읽고 떠오른 자신의 경험이나 관련 뉴스 등의 사례를 이야기해 봅시다.

② 이야기 속에 나타난 사회 모습과 오늘날의 사회 모습을 비교해 보고, 같은 점이나 나른 점을 찾아 써 봅시다.

③ 이야기 속 인물 중 한 명을 선택하여 하고 싶은 말이나 질문을 쓰고, 핫시팅 기법을 사용하여 대화를 나누어 봅시다.

3. 미술작품으로 생각해 보기

미술관이나 박물관, 공원, 때로는 길을 걷다가 다양한 미술작품을 만날 수 있습니다. 미술작품에는 작가의 생각이나 시대상 등이 반영되어 있습니다. 제시된 두 미술작품을 살펴보며 작품에 반영된 개인과 사회의 모습, 예술이 우리 삶에 필요한 이유, 작가의 색다른 표현 방법 등에 대해 생각해 봅시다.

① 인물이나 사물 등 작품에 보이는 요소를 모두 써 봅시다.

② 작품 속 인물이나 작품에 어떤 일이 일어났을지 상상하여 이야기해 봅시다.

③ 작가가 작품을 통해 말하고 싶은 것은 무엇인지 생각하여 써 봅시다.

고흐, <슬퍼하는 노인>, 1889, 캔버스에 유채.

뱅크시, 〈사랑은 쓰레기통에〉, 2018.

활동 2. 내 삶의 예술 작품 소개하기 - 나의 인생 작품

나에게 감동을 주었거나 삶에 영향을 준 예술 작품을 친구들에게 소개해 봅시다.

나의 인생 작품

① 작품의 장르는 무엇입니까?
   [예시: 문학(소설, 시, 전래동화 등), 음악, 그림, 광고, 영화, 연극, 뮤지컬 등]

② 작품이 나에게 어떤 영향을 주었는지, 감동을 느낀 이유는 무엇인지 등 작품을 간단하게 소개해 봅시다.

③ 작품과 관련된 개인적 경험이나 사회적 상황에 대해 이야기해 봅시다.

④ 친구들의 인생 작품 소개를 들으며 인상 깊은 작품을 기록해 봅시다.

이름	장르	작품 내용	떠오른 생각이나 개인적 경험

실천 나눔_토론 연극으로 길 찾기

연극은 삶을 되돌아보고 상상한 것을 구현해 볼 수 있는 효과적인 매개물이다. 그중 토론 연극은 현실 속 문제를 관객들과 함께 고민하고 해결책을 찾는 형식의 연극이다. 이때 관객은 단순히 연극을 관람하는 것에 그치지 않고 참여자(배우)로서 연극 속 문제상황에 대한 생각과 질문을 함께 나누는 참가자(관련자)가 된다. 토론 연극을 통해 삶의 질문에 대한 답을 찾아보자.

활동 1. 연극으로 만들고 싶은 예술 작품 속 한 장면

① 〈질문 나눔〉에서 살펴본 시, 이야기, 그림 또는 나와 친구들의 인생 작품 가운데 연극으로 표현하고 싶은 한 장면을 선택하고, 해당 장면을 선택한 이유를 함께 써 봅시다.

선택 장면

이유

② 표현하고 싶은 장면을 연극 무대에 올릴 때 필요한 것은 무엇인지 쓰고, 해당 장면을 그림으로 표현해 봅시다.

활동 2. 질문을 나누고 방법을 찾는 토론 연극

토론 연극을 위한 짧은 대본을 써 보고 실제로 토론 연극을 해 봅시다.

> **토론 연극**
> 관객이 연극에 참여하여 직접 배우가 되어 극의 방향을 바꾸는 연극이다. 브라질의 연극 연출가인 아우구스토 보알은 새로운 형식의 토론 연극을 만들어 독재 정권에 저항하였다. 그는 사회적 약자를 관객으로 초청하여 이들의 어려움에 귀 기울이고, 관객이 연극에 즉흥적으로 참여하도록 이끌었다.

1. 짧은 연극 대본 쓰기

개인적인 고민이나 해결하고 싶은 문제상황을 짧은 연극으로 만들어 봅시다.

① 자신의 삶이나 사회에서 문제라고 생각되는 점을 떠오르는 대로 자유롭게 써 봅시다.

② ①의 문제상황 중 다음에 해당되는 것에 ✓ 표시를 해 봅시다.

> • 나 또는 사회가 함께 노력하여 바꿀 수 있는 문제
> • 나를 포함하여 사회에 영향을 줄 수 있는 문제
> • 나와 사회에 도움이 되는 변화를 이끌어 낼 수 있는 문제

③ ✓ 표시한 문제상황들을 모둠원과 공유하고, 토의를 통해 모둠에서 발표할 주제를 정해 봅시다. 주제와 관련된 인물, 상황, 힘든 점 등을 구체적으로 이야기해 봅시다.

④ 위의 내용을 바탕으로 짧은 연극 대본을 써 봅시다.

2. 토론 연극 해 보기

토론 연극 방법

(1) 사회자를 선정합니다.
(2) 1에서 쓴 대본을 바탕으로 연극을 공연합니다.
(3) 사회자는 관객에게 연극을 다시 한 번 공연한다는 것과 공연 중 변화를 시도할 수 있는 부분을 찾으면 "잠깐"이라고 외치도록 안내합니다.
(4) 연극을 다시 공연합니다.
(5) 관객이 중간에 "잠깐!"이라고 외치고 해결 방법을 이야기할 수 있습니다.
(6) 관객이 연극에 직접 참여하여 장면을 바꿀 수 있습니다.
(7) 연극을 보고 난 후 해결 방법을 함께 찾는 이야기 나눔의 시간을 가질 수도 있습니다.

① 토론 연극 방법을 참고하여 토론 연극을 직접 해 봅시다.

② 문제상황을 어떻게 변화시키고 싶은지, 어떤 방법으로 해결하고 싶은지 생각해 봅시다.

③ 문제상황을 해결할 방법을 관객들과 이야기 나누어 봅시다.
　(관련된 조건, 사회, 인물에 영향을 주는 구조 등을 살펴봅시다.)

④ 토론 연극을 통해 느낀 점을 써 봅시다.

상상 나눔 _ 꿈꾸는 사회를 상상하고 만들기

많은 예술 작품에는 작가의 이상향이 반영되어 있다. 그렇다면 우리가 꿈꾸는 이상적인 사회는 어떤 모습일까? 우리가 꿈꾸는 이상적인 사회를 연극으로 표현해 보자. 삶의 리허설이라 할 수 있는 연극을 통해 이상향을 현실로 만들 방법을 고민해 볼 수 있다. 함께 생각을 모으고, 연극 대본을 쓰고, 공연을 하며 그런 세상을 만날 날을 앞당길 수 있기를 기대한다.

활동 1. 책 속의 책 『유토피아』

상상의 섬 '유토피아(utopia)'는 그리스어 'ou(없다)'와 'topos(장소)'를 합성한 말로 '어디에도 없는 장소'를 뜻한다. 현실에는 존재하지 않지만 모두가 꿈꾸는 이상적인 사회를 이야기하고 있다.

"사유물은 아무 데도 없는 거지요. 그들은 십 년마다 제비를 뽑아서 집 자체를 교환합니다. … 유토피아인들은 일주야를 24시간으로 등분하여 그 중 여섯 시간만을 일할 시간으로 배정하고 있습니다. 정오까지 세 시간 일하고, 정오가 되면 점심을 먹으러 갑니다. 점심 후에 두 시간 쉬고 나서, 다시 세 시간 일합니다. … 그들은 모든 사람들이 훤히 들여다보고 있는 가운데 살고 있기 때문에, 평소의 자기 직종에서 일하든가 건전한 방법으로 여가를 즐길 수밖엔 없어요. … 돈을 없애버리면 … 모든 종류의 범죄가 당장에 사라지리라는 것은 누구나 다 알고 있습니다. 돈이 사라지는 바로 그 순간에 공포, 근심, 노고, 잠자지 못하는 밤들 역시 사라집니다."

① 『유토피아』에서 이야기하고 있는 이상 사회에 대해 어떻게 생각하는지 자신의 의견을 써 봅시다.

② 『유토피아』 외에도 『홍길동전』, 「허생전」, 「양반전」, 『레미제라블』, 『앵무새 죽이기』, 『올리버 트위스트』, 방탄소년단의 〈뱁새〉, 양경수의 『잡JOB 다多 한 컷』 등 사회문제를 다룬 다양한 작품들이 있습니다. 작가는 작품을 통해 이상적인 사회를 이야기하거나 부패한 현실을 풍자적으로 묘사합니다. 동시대인의 애환을 담은 노래와 만화는 많은 이들의 공감을 불러일으키기도 합니다. 내가 바라는 이상 사회를 다룬 예술 작품을 찾고 선택한 이유를 함께 써 봅시다. 시, 소설, 그림, 음악은 물론 대중가요, 웹툰 등 모든 장르에서 선택해 봅시다.

작품명

이유

활동 2. 우리가 바라는 사회 상상하기

내가 바라는 사회, 우리가 바라는 사회는 어떤 모습일까요?

① 내가 바라는 사회의 특징을 잘 나타내는 단어 3개를 생각하여 써 봅시다.

② 모둠원들이 쓴 단어를 모아 우리가 바라는 사회를 한 문장으로 표현해 봅시다.

활동 3. 우리가 바라는 사회 표현하기

우리가 바라는 사회상이 잘 나타나도록 연극을 준비하여 공연해 봅시다.

1. 우리가 바라는 사회를 담은 연극 준비하기

① 하고 싶은 이야기 및 주제 정하기
② 연극 대본 쓰기
  - 내용 3요소: 인물, 사건, 배경
  - 형식 3요소: 대사(등장인물의 말), 지문(등장인물의 행동이나 표정, 무대장치, 배경, 음향 등에 대한 지시), 해설(연극의 제목, 배경, 무대장치 등 설명)

③ 상상 기법('마치~한 것처럼' 상상하여 표현하기)으로 대체 가능한 부분을 찾아 공연 제약 최소화하기

2. 우리가 바라는 사회를 담은 연극 공연하기

① 공연 형태 정하기(일상적인 연극, 참여극 등)
② 배역 정하기 및 연습하기
③ 공연 시간, 장소, 참여 관객 정하기
④ 포스터 만들어 홍보하기
⑤ 공연하기

3. 연극 공연 후 과정

① 관객, 배우 등 공연과 관련된 사람들과 소감 나누기
② 나눔의 관점에서 바라본 예술의 가치에 대해 한 문장으로 정리하기
③ 생각한 바를 실천하기 위한 계획 세우기
④ 권리형 나눔 실천하기

마을에서 **IV**

12

차별과 편견을 넘어 마을 속으로

박대훈 인천신현고등학교 교사

· 왜 마을로 가야 할까?
· 마을과 만나는 방법
· 새로운 마을을 상상하다

2014년 세월호 참사 이후 안전이 강조되면서 학교는 교문을 닫고 벽을 세워 외부와 차단된 '섬'이 되었다. 그러나 학교는 학생들이 삶을 배우는 공간이고 마을은 학생들이 살아가는 삶의 공간이므로, 학교와 마을은 네트워크로 연결되어야 한다. 그렇다면 무엇으로 학교와 마을을 연결할 수 있을까? 그 대답은 '나눔과 연대'에 있다.

질문 나눔_왜 마을로 가야 할까?

인간은 공간 안에서 다른 대상들과 함께 어울려 존재하고 상호작용을 통해 관계를 형성한다. 학교와 마을은 인간이 공존하는 대표적 공간이다. 그중 마을은 미래 교육의 중요한 화두로 마을교육공동체의 다양한 활동이 일어나는 장소이다. 이제 배움은 학교에서만 이루어지지 않는다. 배움의 공간을 학교에서 마을로 확장하여 생각하고, 학생들이 마을과의 연대를 통해 무엇을 배울 수 있을지 생각해 보자.

활동 1. 왜 마을로 가야 할까?

1. 마을은 무엇인가

마을은 인간 생활의 기본 구성인 가족 또는 집들이 모여 정치·경제·사회·문화의 통합을 이루고 있는 지역집단을 의미한다. 역사적으로 마을은 사람들이 거주해 온 생활공간이자 민속·의례·신앙 등 전통문화를 일궈 온 문화공간이다. 동네는 한자어 동내(洞內)에서 기원한 말로 내가 사는 집의 근처를 의미한다. 마을과 동네는 한동안 같은 의미로 사용되었으나 현대사회에 들어서는 구별하여 사용하고 있다. 마을과 비슷한 의미로 사용되는 지역이라는 말도 있다. 지역은 일정하게 구획된 어느 범위의 토지를 의미한다. 지역은 행정구역의 성격이 짙고, 마을은 정서적, 관계적, 연대적 성격이 크다. 사람들과 모여서 두런두런 이야기를 나누기에는 왠지 마을이라는 공간이 적절해 보인다.

마을에서는 나이를 불문하고 청소년도, 노인도 동료 시민이다. 시민은 나눔을 실천하고 연대하는 사람들이다. 그런 점에서 아프리카도 나의 마을이 될 수 있다.

마하트마 간디는 '마을이 세계를 구한다'고 믿었다. 그가 설계한 마을은 개인의 자유에 기초한 완전한 민주주의를 바탕으로 스스로 자립하여 운영되는 마을공동체이다.

① 마을, 동네, 지역이라는 말을 듣고 각각 어떤 이미지가 떠오르는지 써 봅시다.

② "아프리카도 나의 마을이 될 수 있다."라는 표현에 대해 어떻게 생각하는지 이야기해 봅시다.

2. 마을공동체

"마을"이란 주민이 일상생활을 영위하면서 경제·문화·환경 등을 공유하는 공간적·사회적 범위를 말한다.
"마을공동체"란 주민 개인의 자유와 권리가 존중되며 상호 대등한 관계 속에서 마을에 관한 일을 주민이 스스로 결정하고 추진하는 주민자치 공동체를 말한다.
"마을공동체 만들기"란 주민이 스스로 마을환경을 개선하고 지역의 문제를 해결하는 과정을 통해 이웃과의 관계를 회복하며 마을공동체를 형성하여 삶의 질을 높이는 활동을 말한다.

① 마을공동체라는 말에 대해 어떻게 생각하는지 자신의 생각을 써 봅시다.

② "마을이 학교다."라는 말이 있습니다. 이 말의 의미가 무엇인지 생각해 보고, 자신의 의견을 이야기해 봅시다.

3. 책 속의 책 『한 아이를 키우려면 온 마을이 필요하다』

이 책에는 4,383명의 아동과 5,299명의 가족들이 역경과 고난을 딛고 행복을 찾은 이야기가 담겨 있다. 주변의 도움으로 허물어진 가족의 틀을 다시 세우고 아이들에게 따뜻한 보금자리를 되찾아 준 이야기, 아이들이 꿈을 키우며 살아갈 수 있도록 든든한 울타리가 되어 준 이웃들의 이야기, 이웃에게 받은 행복과 도움을 다른 가족에게 다시 나누어 준 사람들의 이야기다.

가정 폭력, 부모의 부재 등 다양한 이유로 돌봄이 필요한 아이들이 가족의 품에서 내일을 꿈꾸고, 가족들이 아이들을 돌볼 수 있는 최선의 방법을 찾고, 아이들의 문제를 마을 전체가 함께 고민하고, 이웃과 삶을 나누며 살아가는 모습들을 만날 수 있다.

그들은 자신이 실천한 작은 나눔이 더 큰 행복으로 되돌아왔다고 한다. 또한 내 아이가 행복해지려면 내 아이의 친구들이 행복해야 한다고 말한다. 마을공동체가 아이들의 문제를 함께 고민하고, 아이가 속한 가족이 건강해지도록 격려하며, 그것을 기반으로 사회 전체가 아름답게 변하는 모습에서 우리의 교육이 나아가야 할 방향에 대한 실마리를 찾을 수 있다.

① "한 아이를 키우려면 온 마을이 필요하다."는 아프리카의 속담입니다. 이 속담에 담긴 의미는 무엇인지 써 봅시다.

② 내 아이가 행복해지려면 내 아이의 친구들이 행복해야 한다는 말에 동의하나요? 동의 혹은 동의하지 않는 그 이유는 무엇인지 이야기해 봅시다.

활동 2. 학교와 마을 간 나눔 프로젝트 계획하기

1. 우리 마을 알아보기

① 우리 마을은 어떤 마을일까요? 우리 마을의 좋은 점, 문제점을 찾아 써 봅시다.

② 우리 마을의 문제점을 하나 골라 그 원인과 피해, 해결 방안에 대해 생각을 모아 봅시다.(생각을 모을 때는 붙임쪽지의 색상을 구별하여 정리합니다.)

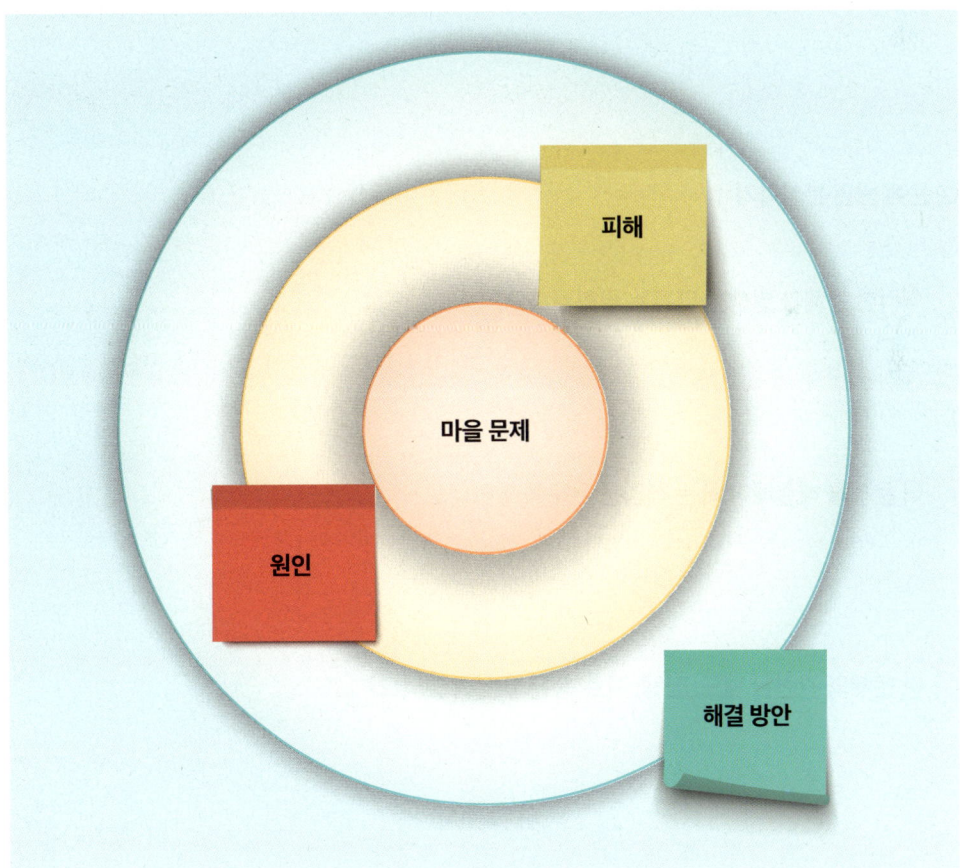

2. 권리형 나눔을 실천하기 위한 마을 활동 계획서 작성하기

① 활동 주제 선정

어떤 문제점을 찾았나요?

어떤 불편을 주고 있나요?

이 문제와 관계된 사람은 누가 있을까요?

② 문제 원인 분석하기

이러한 문제가 발생한 이유는 무엇일까요?

이 문제를 해결해야 하는 책임은 누구에게 있나요?

이 문제와 관련된 제도, 정책, 자료 등은 무엇이 있나요?

③ 해결 방안 찾기

우리의 활동을 지지할 사람, 반대할 사람은 누가 있을까요?

문제를 해결하기 위한 방법은 무엇이 있을까요?

우리가 선택한 권리형 나눔의 실천을 통해 어떤 변화가 일어날까요?

④ 실천 계획 세우고 실행하기

실천 활동 계획을 세워 봅시다.

각자 자신의 역할을 적어 봅시다.

실천 나눔_마을과 만나는 방법

교사와 학생, 마을과 학교가 함께하는 공동체 프로젝트를 통해 학생자치 활동의 영역을 마을로 확장해 보자. 이를 통해 자율성, 연대성, 공공성을 바탕으로 하는 시민성을 기를 수 있다. 권리형 나눔의 실천 사례인 '접경 프로젝트, 선을 넘어서 공간으로'를 참고하여 실천 활동을 계획해 보자.

〈질문 나눔〉에서 파악한 우리 마을의 문제점을 해결하기 위해 우리가 할 수 있는 활동은 무엇일까요? 모임을 만들고 실제 프로젝트를 계획하는 과정의 주요 활동을 해 봅시다.

모임 만들기 단계
모임의 이름 정하기 → 핵심 가치 정하기 → 팀원 모집하기

⬇

프로젝트 짜기 단계
프로젝트 목표 정하기 → 기초 조사 → 프로젝트 계획서 작성 → 프로젝트 짜기

⬇

실행

⬇

프로젝트 알리기

활동 1. 마을 속 나눔 프로젝트: 모임 만들기 단계

① 권리형 나눔을 실천하기 위한 모임의 이름을 정하고, 이름이 어떤 의미를 담고 있는지 써 봅시다.

② 서로 다른 개인들이 모여서 프로젝트를 수행할 때는 지향점이 분명해야 합니다. 그래야 일회성 행사로 끝나지 않고 프로젝트를 지속할 수 있습니다. 핵심 가치를 공유하지 않는 실천은 구성원을 쉽게 지치게 합니다. 권리형 나눔을 실천하기 위한 모임의 핵심 가치를 정해 봅시다.

③ 어떤 방법으로 팀원을 모집할지 정해 봅시다.

> **참고 사례: 인천신현고등학교의 학생자치회 '해솔'**
>
> 인천신현고등학교 학생자치회의 이름인 해솔은 해와 소나무를 결합한 것으로 '영원히 푸르게 빛난다'라는 의미를 담고 있다. 해솔의 핵심 가치와 방향은 나눔과 연대로 정했다. 해솔은 '접경 프로젝트'의 운영위원회로서 이 프로젝트의 활동가인 학생지원단을 인천신현고 전교생을 대상으로 공고를 내어 모집했다.

활동 2. 마을 속 나눔 프로젝트: 프로젝트 짜기 단계

① 권리형 나눔을 실천하기 위한 프로젝트의 목표를 정해 봅시다.
② 프로젝트의 구체적인 내용을 정하기 위한 기초 조사를 하고, 다음 사항을 정리해 봅시다.

- 기초 조사를 위한 방법

- 새롭게 알게 된 점

③ 프로젝트를 수행하기 위해서 계획서에 담아야 할 내용은 무엇인지 이야기해 봅시다.
④ 구체적인 프로젝트 내용을 정해 봅시다.

참고 사례: 인천신현고등학교의 '접경 프로젝트'

인천신현고등학교 학생자치회 해솔의 '접경 프로젝트, 선을 넘어서 공간으로'는 우리 사회는 물론 같은 마을 안에서도 서로를 나이(세대), 성별, 인종, 국적 등으로 구분하여 차별하고 있다는 문제의식에서 출발하였다. 접경 프로젝트는 차별과 편견을 극복하고 학교와 마을을 연계하여 공동체 네트워크를 구축하는 것을 목표로 한다.

접경 프로젝트의 세부 프로그램

모나미 프로젝트 (모두가 나누는 더 나은 미래)	끌림과 어울림	마을 인문학
마을 아동과 지역아동센터를 대상으로 동화책 구연, 과학재능 기부 등 실천	마을과 사람의 이야기를 담은 인터뷰, 참여형 지도 제작, 마을 그리기, 사회적 기업 연계 프로젝트 등 실천	마을공동체 활성화를 위해 가치를 공유하는 마을 인문학 휴먼 북 콘서트 등 개최

상상 나눔_새로운 마을을 상상하다

"터무니없다"라는 말이 있다. 터란 집이나 건축물을 세운 자리를 뜻하는 말로, 터를 잡은 흔적이나 정당한 근거가 없다는 의미다. 인류는 터를 잡고 농경 생활을 하며 문명의 시대를 열었다. 문명은 터를 잡고 살았던 사람들의 시간과 기억의 집합이다. 그러나 경쟁사회가 되면서 마을은 함께 살아가는 공간으로서의 의미를 잃어가고 있다. 접경 프로젝트의 실제 사례를 통해 차별과 편견에서 벗어나 함께 어우러져 살아가는 새로운 마을을 상상해 보자.

활동 1. 마을 속 나눔 프로젝트의 실제

접경 프로젝트의 실제 활동을 살펴보고 나의 프로젝트에 어떻게 적용하고 개선할지 생각해 봅시다.

1. 마을 사람의 삶을 담은 휴먼 북 『마을과 사람』

접경 프로젝트의 실제 활동으로 학생들은 기자가 되어 마을 사람들의 이야기를 듣고 사람과 사람, 사람과 마을의 경계를 허무는 휴먼 북 『마을과 사람』을 제작하였다.
1년 동안 마을에 한발 더 다가가기 위해 학교 주변과 시장의 가게 등을 직접 방문해 인터뷰를 진행하였다. 삶의 이야기를 기사화하는 과정에서 단편적인 이야기만을 듣고 기사로 작성하는 것이 어렵고 부담스러웠지만, 마을 주민들의 삶을 그들의 시선으로 바라보고 사람마다 지닌 각기 다른 삶의 이야기를 있는 그대로 담고자 노력하였다.
우리의 작은 날갯짓이 마을을 넘어 모두가 벽을 허물고 하나 되는 변화의 계기가 되길 소망한다.

① 우리 마을의 휴먼 북을 만든다면 인터뷰하고 싶은 단체나 인물을 선정하고, 선정 이유와 주요 질문을 작성해 봅시다.

인터뷰 대상	
선정 이유	
주요 질문	1.
	2.
	3.
	4.

② 인터뷰 대상자들이 인터뷰 요청을 거절할 경우 어떻게 하면 좋을지 대안을 생각하여 써 봅시다.

2. 달라서 더 아름다운 이야기, 다국어 그림책

인천신현고등학교 학생들이 글, 그림, 번역, 편집 등 모든 과정을 맡아 제작한 다국어 그림책 『나비가 된 벚꽃』입니다. 학생들은 이 그림책을 마을의 아동과 지역아동센터에 배포하고, 직접 구연 활동도 진행하였습니다.

어렵고 이루기 힘든 꿈이라 해도 끝까지 포기하지 말자는 주제를 담았다. 사람마다 인생을 살며 처음 끼우는 단추가 다 다르다는 생각을 하며 이야기를 썼다. 누군가는 자신만의 길을 찾기 위해 먼 길을 돌아가기도 하고, 누군가는 다른 이의 도움으로 지름길을 찾아 가기도 한다. 그러나 어떤 상황이더라도 노력의 가치는 동등하며 햇빛은 우리 모두를 비추고 있다는 사실을 알려 주고 싶었다.

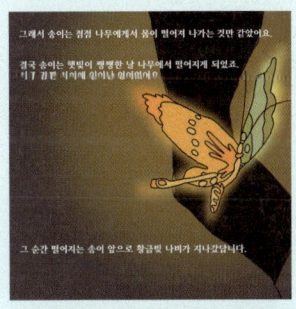 

그림책 『나비가 된 벚꽃』
한국어, 영어, 중국어, 일본어
버전의 일부 페이지 ▶

① 내가 만들고 싶은 그림책의 주제와 내용을 생각하여 그림책의 개요서를 만들어 봅시다.

그림책 주제	
그림책 개요	

② 개요서를 바탕으로 그림책의 한 장면을 스토리보드로 만들어 봅시다.

활동 2. 책 속의 책 『마을을 상상하는 20가지 방법』

우리는 마을에서 놀고, 먹고, 모이고, 협동하고, 말하고, 예술하고, 교육하고, 일한다.
이 책은 사람들이 저마다의 색깔로 마을에서 함께 어우러져 살아가는 모습과 그 안에서 느끼는 행복을 보여 주고 있다.
이웃과 함께 사는 방식은 다양하다. 마을에서 이웃사촌들과 함께 놀기도 하고, 교육을 하기도 하고, 모두 어울려 음식을 만들어 먹기도 한다.
우리나라 주거 형태의 60%를 차지하는 아파트에서 놀이터를 매개로 다양한 커뮤니티 활동을 하며 아파트 공동체를 형성한 '파크리오맘', 교육을 통해 아이들을 변화시키고 아이들이 안전하게 생활할 수 있는 공간을 만든 '공릉동 꿈마을공동체', 아이들이 다양한 나라의 풍습과 문화를 접할 수 있는 교육 프로그램을 만든 결혼이주여성들의 마을기업 '마을 무지개' 등 다양한 공동체의 모습을 보여 주고 있다.
저자는 내 주변에 사는 이가 누구인지 살펴보고, 인사를 나누고, 이웃을 만드는 일부터 시작하여 마을을 함께 그려 보라고 말한다. 마을은 그렇게 상상에서 시작된다고 말이다.

① 내가 상상하는 마을은 어떤 모습인지 써 봅시다.

② 내가 상상하는 마을을 만들기 위해 가장 필요한 것은 무엇인지 써 봅시다.

13 커뮤니티 매핑

황연희 인천주원초등학교 교사

- 왜 정보를 공유해야 할까?
- 커뮤니티 매핑 하기
- 커뮤니티 매핑 너머 정책으로

물건만 나눌 수 있는 것이 아니다. 데이터를 처리하고 활용하는 능력이 없던 시대에는 정보가 유의미한 자원이 되지 못했다. 그러나 4차 산업혁명 시대가 도래하면서 데이터는 단순한 정보가 아니라 하나의 권력이 되었다. 정보를 가진 집단은 더 쉽고, 더 빠르게 경제적 부와 편리한 삶을 누리고, 정보로부터 소외된 집단은 일상적인 불편함은 물론 경제적 활동에서도 어려움을 겪는다. 정보를 공유하는 것이 왜 중요하고 그 장점이 무엇인지 커뮤니티 매핑을 중심으로 생각해 보자.

질문 나눔_왜 정보를 공유해야 할까?

내가 가진 정보를 나만 소유하는 것과 다른 사람과 나누는 것 중 어떤 것이 좋을까? 인간의 기본권리를 보장하는 중요한 정보나 부를 창출하는 정보가 소수의 사람들에게만 제공된다면 어떻게 될까? 정보로부터 소외된 사람들의 삶은 더욱 불안정해지고 사회는 불평등해질 것이다. 평등한 사회를 만들기 위해서는 물질을 나누고 공유하는 것만큼 정보를 나누는 것도 중요하다.

활동 1. 정보의 힘

1. 게임 '보물을 찾아라'

준비물
편지 봉투 30장, 보물 그림 카드 5장, 빈 상자 그림 카드 25장, 초시계

게임 방법

- **첫 번째 라운드**
① 5장의 편지 봉투에 보물 그림 카드를 한 장씩 넣습니다. 나머지 25장의 편지 봉투에는 빈 상자 그림 카드를 한 장씩 넣어 준비합니다.
② 준비한 편지 봉투를 바닥에 넓게 펼쳐 둡니다.
③ 한 명이 술래 A가 되어 1분 동안 보물 그림 카드를 찾습니다.
④ 술래 A가 찾은 카드의 수를 확인합니다.

- **두 번째 라운드**
① 편지 봉투를 첫 번째 라운드와 다른 배치가 되도록 바닥에 넓게 펼쳐 둡니다.

② 새로운 한 명을 술래 B로 정하고, 보물 그림 카드가 든 편지 봉투의 위치를 미리 알려 줍니다.
③ 술래 A와 술래 B가 1분 동안 보물 그림 카드를 찾습니다.
④ 술래 A와 술래 B가 각각 찾은 카드의 수를 확인합니다.

- 세 번째 라운드
① 편지 봉투를 1, 2라운드와 다른 배치가 되도록 바닥에 넓게 펼쳐 둡니다.
② 참가자 모두가 편지 봉투를 확인하여 보물 그림 카드가 든 편지 봉투 겉면에 ○표시를 합니다.
③ 술래 A가 1분 동안 보물 그림 카드를 찾습니다.
④ 술래 A가 찾은 카드의 수를 확인합니다.

① 첫 번째 라운드의 게임에 참여한 후, 어떤 생각이 들었는지 술래 A의 말을 들어 봅시다.

② 두 번째 라운드의 게임에 참여한 후, 어떤 생각이 들었는지 술래 A의 말을 들어 봅시다.

③ 두 번째 라운드의 게임에 참여한 후, 어떤 생각이 들었는지 술래 B의 말을 들어 봅시다.

④ 술래 A로부터 첫 번째, 두 번째, 세 번째 라운드 게임에서 느낀 점을 비교해서 들어 봅시다.

2. 독점이냐, 공유냐

(1) 나만 알고 있는 정보

> 1987년 개봉한 영화 〈백 투더 퓨처〉의 주인공 마티는 평범한 고등학생이다. 어느 날 마티는 괴짜 발명가가 만든 타임머신 자동차를 타고 30년 전의 과거로 가게 된다. 그곳에서 마티는 과거로 오기 전 우연히 주머니에 넣어 두었던 스포츠잡지를 발견한다. 그는 잡지에 나온 스포츠 경기 결과로 어느 팀이 이길지 미리 알고 복권을 사고, 그 덕에 엄청난 돈을 벌게 된다.

> 요리 관련 블로그에 올라온 사연이다. 글쓴이는 김치나 장아찌를 맛있게 만들어 주변 사람들에게 알려지며 솜씨를 인정받았다. 이것은 쉽게 얻은 결과가 아니라 김치와 장아찌를 담그면서 재료의 특성과 비율을 연구하고 많은 시행착오 끝에 얻은 성과라고 한다. 그런데 최근 이 요리 비법을 알려 달라고 하는 지인이 있어 고민이라고 한다.

① 주변 사람들이 내가 알고 있는 정보를 나눠 달라고 요청할 때 나라면 어떻게 할지 이야기해 봅시다.

② 사회에서 유용한 정보를 가장 많이 가지고 있는 사람은 누구일지 생각하여 써 봅시다.

③ 사회에서 정보를 가지고 있지 못한 사람은 누구일지 생각하여 써 봅시다.

④ 정보를 개인이 독점하는 것에 대해 어떻게 생각하는지 이야기해 봅시다.

(2) 정보의 공유

> 2016년 광화문 촛불집회 때 있었던 일이다. 집회에 참석한 사람들로 북적이는 모습을 보고, 커뮤니티 매핑 전문가 임완수 박사는 사람이 많은 뉴욕에서 화장실을 찾던 자신의 경험을 떠올렸다. '촛불집회에 참석한 사람들도 인파 속에서 화장실을 찾는 것이 어렵겠구나!'라고 생각한 그는 매핑 지도를 개설했다. SNS를 통해 사람들에게 자신의 의도를 알리고 정보를 입력해 달라고 요청했다. 이를 본 사람들의 정보 나눔이 거듭되면서, 지도에는 광화문 주변의 화장실 위치를 알리는 표시가 점점 늘어났다. 사람들은 화장실 정보뿐만 아니라 집회 참석자들에게 물과 간식을 제공하는 상점 등 유용한 정보를 함께 알렸고, 이런 정보들은 집회 참석자들에게 큰 도움이 되었다.

① 공공 화장실 위치, 응급 환자에게 필요한 병원이나 심장 제세동기 위치 등의 정보를 소수의 사람만이 알고 있다면 어떤 일이 일어날지 상상하여 만화로 표현해 봅시다.

② 내가 가진 유용한 정보는 어떤 것이 있는지 생각해 보고, 이를 독점할지 다른 사람과 공유할지 결정해 봅시다. 그리고 그 이유를 함께 이야기해 봅시다.

활동 2. 정보 공유의 의미와 필요성

졸업이나 입학 선물하면 무엇이 떠오를까? 예전에는 가장 인기있는 졸업·입학 선물 중 하나가 사전이었다. 열심히 공부하라는 격려와 함께 국어사전, 영어 사전, 한자 사전 등을 선물했다. 그러나 졸업, 입학처럼 특별한 경우에도 쉽게 선물 받을 수 없는 사전이 있었다. 바로 브리태니커 백과사전이다. 사람들은 방대한 양의 정보를 담은 두꺼운 브리태니커 백과사전 세트를 구입하여 책꽂이에 진열하며 자부심을 느끼기도 하였다. 그런데 200년 이상의 역사와 전통을 자랑하던 브리태니커 백과사전을 단 5년 만에 앞지른 사전이 있다. 2001년 등장한 온라인 백과사전 위키피디아다. 위키피디아는 누구나 정보를 작성하여 게시할 수 있고, 잘못된 정보가 올라오면 수정도 가능한 시스템이다. 이 시스템을 바탕으로 집단지성에 의해 만들어진 위키피디아는 단시간에 브리태니커 백과사전보다 더 많은 정보를 제공할 수 있었다. 집단지성이란 집단의 구성원들이 서로 협력하여 얻게 된 지적 능력을 의미한다. 즉, 다수의 참여와 소통의 결과로 만들어진 축적물이 백과사전이 된 것이다.

2020년 코로나19 감염병 초기 대응 상황에서 마스크를 구하기란 무척 어려운 일이었다. 마스크 대란으로 약국 앞에 마스크를 사려는 사람들이 길게 줄을 선 모습을 종종 볼 수 있었다. 이 모습을 보고 마스크를 어느 약국에서 파는지, 언제 살 수 있는지, 재고는 얼마나 남았는지 등의 정보를 사람들에게 알려 주는 것이 필요하다고 생각한 사람들이 있었다. 이들은 마스크 판매처, 입고 및 재고 현황 등의 정보를 사람들에게 알려 주는 사이트를 만들고 누구나 정보를 올릴 수 있게 하였다.
전문 개발자뿐만 아니라 학생들이 반짝이는 아이디어를 가지고 정보 나눔 앱 개설에 나선 사례도 있다. 2020년 초 확진자 수가 급격히 늘어났던 대구지역에서는 학생들이 바이러스 검사, 확진, 퇴원 등의 현황을 한눈에 알아볼 수 있는 앱을 만들었다.

① 다수의 사람들이 정보 나눔에 참여하고 소통할 때 좋은 점을 써 봅시다.

② 다수의 사람들이 정보 나눔에 참여하고 소통할 때 발생할 수 있는 문제점을 써 봅시다.

③ 공동체 구성원들이 지속적으로 정보 나눔에 참여할 수 있게 하려면 어떻게 해야 할지 이야기해 봅시다.

④ 정보 나눔으로 기대되는 효과를 생각하여 문장을 완성해 봅시다.

시민들이 쉽게 정보를 공유함으로써

_____ **기대됩니다.**

활동 3. 집단지성의 힘, 커뮤니티 매핑

1. 커뮤니티 매핑

> 커뮤니티 매핑 = 공동체 참여 지도 만들기

- 누가 하나요?

  공동체는 참여하는 주체를 가리킨다. 공동체 구성원 모두가 참여할 수 있다.

- 왜 하나요?

  참여는 참여하는 이유이다. 공동체의 문제를 해결하고 개선하는 활동에 참여하여 더 나은 공동체를 만들기 위해서이다.

- 어떻게 하나요?

  지도 만들기는 참여하는 내용이다. 특정한 주제에 대해 정보를 수집하고 공유하여 지도를 만든다.

2. 커뮤니티 매핑 정의하기

커뮤니티 매핑이란 무엇인지 나만의 정의를 내리고, 그 이유를 써 봅시다.

> (예시) 커뮤니티 매핑은 요리다.
>
> 왜냐하면 지도라는 같은 재료를 이용하더라도 목적과 주제에 따라 다양한 결과물을 만들어 내기 때문이다.

커뮤니티 매핑은 _____

왜냐하면 _____

_____

실천 나눔_커뮤니티 매핑 하기

커뮤니티 매핑을 활용하여 재난을 극복하거나 도시를 개발하는 등 실제 문제를 해결한 사례를 주변에서 볼 수 있다. 다양한 사례를 통해 커뮤니티 매핑의 목적과 활용 방법 등을 알아보자. 커뮤니티 매핑이 무엇인지 이해되었다면 직접 커뮤니티 매핑에 참여하여 정보를 공유해 보자.

활동 1. 커뮤니티 매핑의 공동체 활용

1. 재난 극복과 도시개발에 활용한 사례

재난을 극복한 커뮤니티 매핑 '주유소 이용 지도'
2012년 초대형 허리케인 샌디가 미국의 뉴욕과 뉴저지 부근을 강타하였다. 허리케인으로 인한 피해액이 수십조를 넘을 정도로 큰 피해를 입었다. 전기, 전화, 인터넷이 차단되고, 가스 공급도 끊겼다. 난방을 하거나 자농자를 운행하기 위해 기름이 필요했으나 많은 주유소들이 문을 닫았다. 허리케인으로 인해 주유소에 기름이 정상적으로 공급되지 않았기 때문이다. 그래서 사람들은 주유소 앞에 줄을 선 채 기름을 살 수 있을 때까지 무작정 기다릴 수밖에 없었다.
매핑 전문가 임완수 박사와 학생 봉사 그룹인 '아임소시오'는 주유소 정보를 실시간으로 업데이트하는 커뮤니티 매핑 지도를 열어 정보를 공유하였다. 주유소가 문 여는 시간, 현재 기름을 살 수 있는 주유소 위치, 대기 시간 등의 정보는 사람들에게 유용하게 활용되었다.

도시개발과 함께한 커뮤니티 매핑, 영국의 '거리 등급 지도'

영국에서 시작된 워코노믹스(https://walkonomics.com)는 커뮤니티 매핑을 활용하여 거리가 얼마나 걷기 좋은지 등급을 매기는 플랫폼이다. 보행자들이 전 세계 주요 9개 도시의 약 70만 개 거리에 대한 정보를 직접 지도에 기록한다. 지도가 단순히 거리와 위치만 알려 준다는 생각에서 벗어나, 더 나은 도시 공간을 만드는 데 활용된 사례이다. 사람들은 거리가 얼마나 깨끗하고 안전한지, 걸어 다니기에 경사는 적절한지, 거리에 유익한 구경거리가 있는지 등 거리 상황에 대한 다양한 정보를 올린다. 그 정보들은 거리의 등급을 매기는 기준이 되고, 보행자에게 친화적인 거리와 도시를 개발하는 데 도움을 준다.

커뮤니티 매핑이 재난 극복이나 도시개발에 이용된 다른 사례를 조사하여 써 봅시다.

2. 커뮤니티 매핑을 통한 상상

① 다음 사례의 제목을 읽고 커뮤니티 매핑의 목적이 무엇인지 생각해 보고, 더 나은 공동체를 위해 어떻게 활용될 수 있을지 써 봅시다.

초등학교 학생들과 함께 청소할 곳 매핑	초등학교 주변 유해시설 매핑	청소년 안전지도 매핑
자전거 거치대 매핑	장애인 대중교통 승차 매핑	장애인들이 직접 하는 장애인 편의시설 매핑

② 위의 사례 중 참여해 보고 싶은 커뮤니티 매핑을 선택하고, 그 이유를 써 봅시다.

활동 2. 청년들이 만든 서울 지도 「2020 서울청년지도」

「2020 서울청년지도」는 청년들의 교류 활성화를 위하여 서울에 위치한 청년 커뮤니티 129곳을 정리한 지도이자 가이드 북입니다. 지도에 소개된 장소들은 2020년 서울청년지도 맵핑저널 작성 공모전을 통해 제작되었습니다.

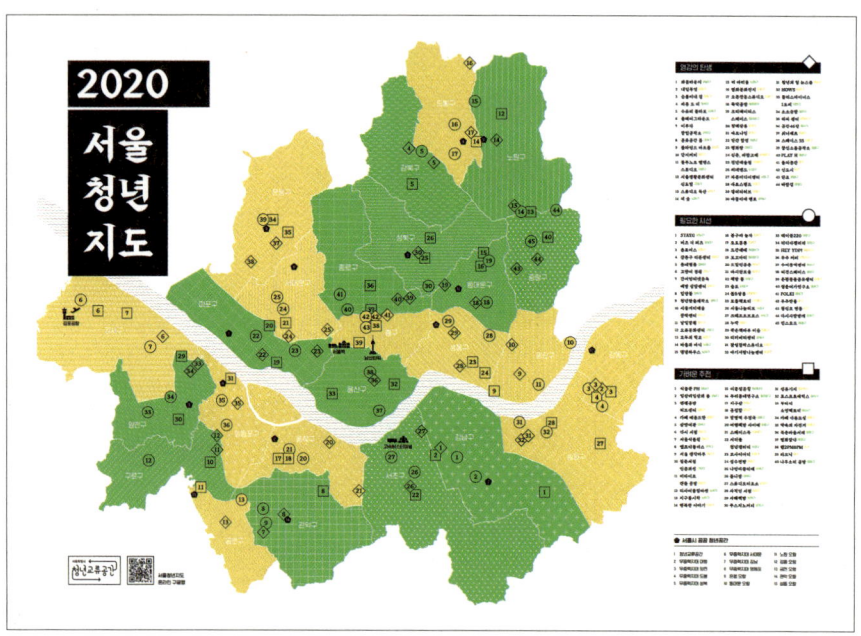

① 「2020 서울청년지도」의 내용을 살펴보고, 방문하고 싶은 장소와 이유를 써 봅시다.

방문하고 싶은 장소

이유

② 내가 살고 있는 동네를 대상으로 위와 같은 지도를 만든다면 어떤 주제로, 어떤 장소를 소개할지 이야기해 봅시다.

활동 3. 커뮤니티 매핑 개설과 참여

1. 커뮤니티 매핑 아이디어 짜기

누군가를 알기 위해서는, 그 사람에게 관심을 가지고 특별한 노력을 기울여야 합니다. 무엇을 보는지, 무엇을 듣는지, 무엇을 생각하고 느끼는지, 힘든 점이나 불편한 점은 무엇인지 등을 알아야 합니다.

① 공감을 위한 '주변 사람 관찰하기'
　관찰 대상(주변 이웃 또는 관심 있는 사람)을 정한 후, 대상의 생활 모습을 관찰하여 알게 된 내용을 써 봅시다.

관찰 대상	
관찰 기간	
특징	
생활 습관 (특이 행동이나 버릇)	
필요해 보이는 것 (사람, 장소, 물건 등)	

② 공감을 위한 '그 사람 되어 보기'

관찰하던 대상을 떠올리며 관찰 대상의 입장이 되어 생각해 봅시다.

- 관찰 대상이 무엇을 들었나요?

- 관찰 대상이 무엇을 보았나요?

- 관찰 대상이 어떤 말을 했나요?

- 관찰 대상이 어떤 행동을 했나요?

- 관찰 대상이 생각하거나 느낀 점은 무엇인가요?

- 관찰 대상이 불편해하거나 힘들어한 것은 무엇인가요?

- 관찰 대상의 불편을 해결하려면 무엇이 필요한가요?

2. 주제와 내용 정하기

① 관찰과 공감 활동을 통해 관찰 대상이 무엇을 필요로 하는지 생각하여 해당 영역에 체크하고 세부 내용을 써 봅시다.

□ 사람	□ 물건	□ 공간·시설	□ 정보·서비스	□ 기타

② 커뮤니티 매핑에 대한 구체적인 사항을 생각하여 써 봅시다.

제목	
목표	
매핑에서 제공하려는 정보	
매핑의 지역적 범위	
도와줄 전문가, 참고 사례	
공유 및 활용 방법	

3. 커뮤니티 매핑 제작하기

한국국토정보공사 사이트를 이용하여 관심 있는 정보를 수집하고 지도를 만들어 봅시다.

① 한국국토정보공사 사이트에 접속합니다.
② 본인 인증을 합니다.
③ 공개된 커뮤니티를 선택하거나 새로운 커뮤니티를 개설합니다.
④ 커뮤니티에 정보를 등록합니다.

구글 마이맵 사이트를 이용하여 관심 있는 정보를 수집하고 지도를 만들어 봅시다.

① 구글 마이맵 사이트에 접속하여 로그인을 합니다.
② '시작하기'를 클릭 후, '새 지도 만들기'를 클릭합니다.
③ '제목없는 지도'를 클릭하여 지도 제목 및 지도에 대한 설명을 쓰고 저장합니다.
④ 표시할 장소를 검색하여 지도에 추가합니다.
⑤ 상세 정보를 입력합니다.
⑥ '레이어 추가' 기능으로 다른 주제의 지도와 함께 구성할 수 있습니다.
⑦ '공유' 기능으로 링크를 복사하여 다른 사람이 볼 수 있도록 합니다

구글 마이맵의 주요 아이콘

아이콘	기능
💧	색상이나 마커 아이콘 모양 변환
✏️	입력 내용 수정
📷	이미지나 동영상 추가
📍	도착지로 설정
🗑️	삭제

상상 나눔_커뮤니티 매핑 너머 정책으로

커뮤니티 매핑은 공동체의 문제를 해결하기 위해 구성원 모두가 함께 참여한다는 것에 의의가 있다. 그러나 한 집단 내에서 발휘되는 긍정적인 효과를 넘어 사회 시스템의 개선과 발전까지 이루기 위해서는 커뮤니티 매핑 활동이 정책 제안으로 이어져야 한다. 커뮤니티 매핑에서 수집한 데이터를 다각적으로 분석한다면, 무궁무진한 정책 아이디어를 얻을 수 있다.

활동 1. 커뮤니티 매핑 분석하기

개설한 커뮤니티의 활동 상황과 지도를 살펴보고 평가해 봅시다.

① 매핑 참여(자료 등록, 정보 오류 수정 등)가 활발히 이루어지는지 살펴봅시다.

② 매핑 참여가 잘 이루어지지 않는다면 개선할 방법을 생각하여 써 봅시다.

③ 수집한 데이터를 분석하여 지역의 문제를 찾아 써 봅시다.

④ 분석한 데이터로 지역의 문제를 개선할 수 있는 아이디어를 써 봅시다.

활동 2. 정책 아이디어 제안하기

① 제안하고 싶은 정책의 주제를 정해 봅시다.

② 정책을 제안하게 된 이유는 무엇인지 써 봅시다.

③ 현재 이 문제와 관련된 정책이나 법률이 있는지 찾아 써 봅시다.

※ 정책정보포털 　　※ 국가법령정보센터

④ 관련된 정책이나 법률의 문제점을 생각하여 써 봅시다.

⑤ 제안하고자 하는 정책은 무엇인지 자세하게 써 봅시다.

⑥ 정책 제안으로 기대되는 효과는 무엇인지 써 봅시다.

14 사회적 독서로서의 슬로리딩

김원겸 인천도담초등학교 교사

- 왜 함께 읽어야 할까?
- 슬로리딩을 통한 사회적 독서
- 사회적 독서로 하는 권리형 나눔을 상상하다

"독서(獨書)가 자신만의 우주를 만드는 일이라면, 공독(共讀)은
모임에 참여한 사람들이 함께 우주는 만드는 일이다."라는 말이 있다.
함께 읽기의 의미와 방법을 알고, 사회적 독서 방법인 슬로리딩을 통해
함께 세상을 읽고 권리형 나눔을 실천하는 공동체를 만들 수 있다.

질문 나눔 _ 왜 함께 읽어야 할까?

독서는 즐거운 활동이다. 혼자 책을 읽는 즐거움도 크지만,
함께 책을 읽고 토론하는 활동을 통해서도 많은 것을 얻을 수 있다.
독서 편향의 위험성에 대해 생각해 보고, 함께 책을 읽으며 문제제기식 토론을 해 보자.

활동 1. 책속의 책 『히틀러의 비밀 서재』

히틀러는 전쟁 중에도 매일 책을 읽을 정도로 애서가였고, 그가 세상을 떠나며 남긴 장서가 약 1만 6300권에 이를 정도였다. 그러나 히틀러는 자신의 독서 취향에 맞는 책만을 골라 읽었고, 읽은 책의 정보 또한 편협하게 받아들였다. 그는 독서를 이미 형성된 관념의 '모자이크'를 채우기 위해 '돌'을 모으는 과정에 비유했다. 그는 차례나 색인을 살펴본 다음에 해당 장(章)을 펼쳐서 '쓸 만한' 정보를 모았다. 책에서 무엇을 읽어야 할지 스스로 판단하고 때로는 결론을 정해 놓고 읽기도 하였다. 자신의 극단적인 사상을 정당화하는 책을 골라 읽던 그의 편협한 독서는 끔찍한 결과를 가져왔다.

① 히틀러의 독서 방법에 대한 자신의 생각을 이야기해 봅시다.

② 독서 편향의 문제점을 극복할 수 있는 방법을 써 봅시다.

활동 2. 『덤벼라, 빈곤』을 읽고 하는 문제제기식 토론

1. 의자 뺏기 게임

- 게임을 하는 인원보다 2개 적은 수의 의자를 준비하여 둥글게 배치합니다.
- 신나는 노래에 맞춰 의자 주변을 돌다가 노래가 멈추면 재빨리 의자에 앉습니다.

① 게임을 한 소감을 이야기해 봅시다.
② 2명이 의자에 앉지 못한 이유는 무엇일지 이야기해 봅시다.
③ 다음 글을 읽고 우리 사회의 모습과 의자 뺏기 게임의 모습을 비교해 봅시다.

지금까지 우리 사회는 의자에 앉지 못한 사람들에게 주목해 왔다. 그래서 의자에 앉지 못한 것은 '개인의 노력이 부족했던 탓'이고, '더 열심히 노력하면 앉을 수 있을 것'이라는 해결책만을 제시했다. 그 결과 모두들 '어떻게든 의자에 앉자'라는 생각으로 공부에 매달리고, 열심히 학원을 다니며 무엇이든 배우고, 스펙을 쌓기 위해 바쁘게 살아왔다. 왜 사람 수에 비해 의자가 부족한가 따위는 신경 쓰지 않았다. 그저 개인의 노력 유무만이 문제가 되었고, 계속해서 죽어라 노력하고 달리는 수밖에 없었다. 모든 것을 개인의 책임으로 받아들이고, 강한 개인이 되지 않으면 안 된다는 논리가 퍼져 있었다.

2. '자기 책임론'에 반기 들기

『덤벼라, 빈곤』에서는 빈곤의 이유를 개인의 책임으로 돌리는 '자기 책임론'에 반박하고 있습니다. 제시된 문장은 책 1장의 목차이자, 사람들이 흔히 말하는 빈곤의 이유입니다.

- 노력하지 않으니까 빈곤한 것 아냐?
- 그렇게 나약하니까 성공할 수 없는 거야
- 죽을 각오로 덤비면 뭐든 할 수 있지 않을까?
- 나만 고생하다니, 너무 불공평해!
- 불쌍하지만 어쩔 수 없잖아

제시된 빈곤의 이유에 대해 나는 어떻게 생각하는지 이야기해 봅시다.

3. 빈곤이란? 밑천이 없는 상태!

다음 글을 읽으며 글에 제시된 '밑천'에 대해 생각해 보고, 이어지는 활동을 해 봅시다.

> 빈곤은 단순히 돈이 없는 상태만을 의미하는 것이 아니다. 빈곤이란 밑천이 없는 상태로, 의지할 수 있는 인간관계나 '할 수 있다'는 밝고 적극적인 마음가짐을 갖기 어려운 상태를 의미한다. 이때 밑천이란 사람을 감싸고 있는 울타리와 같은 것으로 조건의 다른 표현이다. 사람은 누구나 자신의 밑천에 둘러싸여 있다. 그것은 돈이나 물건일 수도 있고, 기술이나 인간관계일 수도 있다. 돈이 있다면 금전의 밑천이 있는 것이고, 의지할 사람이 주변에 많다면 인간관계의 밑천이 있는 것이다. '하면 된다', '나는 신뢰를 받고 있다'라고 생각한다면 마음가짐의 밑천이 있는 것이다.

활동 방법

(1) 육각형의 빈칸에 밑천이라고 생각하는 것을 적습니다.
 (예시) 돈, 전망, 외모, 건강, 교육 수준, 주거 환경, 성격, 취미 등
(2) 내가 가지고 있다고 생각하는 만큼 각각의 항목에 점수를 매겨 봅시다. 이 점수를 각 항목의 오른쪽에 표시된 눈금에 표시하고 선으로 이어 봅시다.

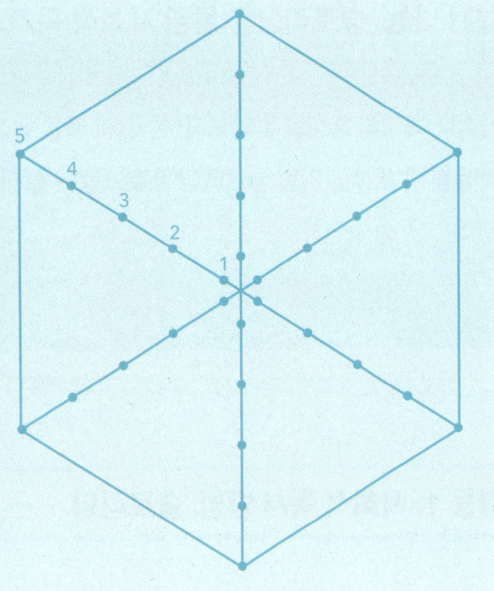

① 각자 지니고 있는 밑천이 어떻게 다른지 완성된 육각형을 서로 비교해 봅시다.
② 사람마다 지닌 밑천의 종류와 양에 따라 인생이 달라지기도 합니다. 이런 불공평을 줄일 수 있는 방법을 이야기해 봅시다.

4. 사회가 밑천을 만들어 주자!

① 사회가 지원해 줄 수 있는 밑천에는 무엇이 있고, 어떻게 지원할 수 있는지 방법을 생각하여 써 봅시다.

② 모두가 인간다운 삶을 살 수 있도록 안전선(빈곤선)을 설정하기 위해 필요한 것은 무엇인지 이야기해 봅시다.

실천 나눔_슬로리딩을 통한 사회적 독서

사회적 독서의 특징을 알아보자. 한 권의 책을 선정하여 다양한 샛길 활동을 하며 함께 세상을 읽는 슬로리딩 프로그램을 실제 구성해 보자.

활동 1. 사회적 독서 방법, 슬로리딩

1. 사회적 독서의 특징

첫째, 독서를 혼자 하는 것이 아니라 함께 한다.
둘째, 책을 통해 세상 읽기를 실천한다. 책의 내용에만 국한하는 것이 아니라 책을 매개로 토론을 함으로써 우리를 둘러싼 공동체를 이해할 수 있다.
셋째, 사회적 공감을 지향한다. 대화를 통해 서로에 대한 공감대가 넓어진다.
넷째, 함께 토론하는 동료가 된다. 토론의 과정에서는 모두가 학생이고 모두가 선생이다. 내가 말하고 있다면 나는 선생이 되는 것이고, 상대방이 말하고 있다면 나는 학생이 되는 것이다.

① '책을 통해 세상 읽기를 실천한다'는 말은 무엇을 의미하는지 써 봅시다.

② 주변에서 진행되고 있는 사회적 독서 실천 프로그램을 조사하여 써 봅시다.

2. 슬로리딩이란?

슬로리딩은 한 권의 책을 함께 읽으며 천천히 즐기는 질적 독서를 추구한다. '다독'을 강조하는 양적 독서에서 책을 심도 있게 읽는 '정독'을 강조하는 질적 독서로의 변화이다.

개인적 독서가 독서를 통해 얻게 되는 지식과 정보를 중요시했다면, 슬로리딩은 독서를 통해 얻은 지식과 정보를 공유하는 사회적 독서를 강조한다.

'무엇을 읽었는가?'라는 독서 대상을 강조하는 문화에서 '어떻게 읽었는가?'라는 독서 방식을 강조하는 변화이다. 추천 도서나 교과서에 실린 작품을 읽고 그 속에서 문제의 정답을 찾는 독서 방식에서, 한 권의 책을 통해 샛길로 만나는 다른 책들을 동료들과 즐기며 토론하는 독서 방식으로의 변화이다.

① '한 권의 책을 통해 샛길로 만나는 다른 책'이란 무엇을 의미하는지 써 봅시다.

② 슬로리딩 독서와 사회적 독서가 추구하는 공통점을 생각하여 써 봅시다.

활동 2. 슬로리딩 프로그램 계획하기

1. 대상과 시기 정하기

내가 만들고 싶은 교육 프로그램의 대상과 차시를 정해 봅시다.

> 대상
> 차시

2. 주제, 철학 세우기

① 프로그램을 통해 무엇을 토론하고 나누고 싶은지 고민이나 관심사를 써 봅시다.

② 만들고 싶은 프로그램의 주제나 철학은 무엇인지 써 봅시다.

※ 프로그램을 계획할 때 1과 2의 순서를 바꿔 진행하기도 합니다.

> 참고 사례: 『정의를 찾는 소녀』 청소년 교육
>
> - 대상: 중학교 1~3학년생 15명
> - 프로그램의 목표
>   청소년들이 사회 정의에 대해 이해하고, 권리형 나눔을 실천할 수 있도록 이끈다.
> - 프로그램의 주제, 철학
>   정의를 찾아 떠나는 여행

3. 도서 선정하기

슬로리딩 프로그램의 주제나 철학이 세워졌다면, 이제 슬로리딩 프로그램의 철학을 담을 수 있는 도서를 선정해야 합니다. 해당 주제나 철학과 관련된 도서를 함께 찾아보고, 동료들과 토론을 거쳐 선정해 봅시다.

① 만들고 싶은 프로그램의 주제나 철학과 관련된 도서를 조사하여 써 봅시다.

② 최종 선정한 도서명과 선정 이유를 써 봅시다.

> **참고 사례:** 『정의를 찾는 소녀』 청소년 교육
>
> - 선정 도서: 『정의를 찾는 소녀』(유범상 지음, 마북)
> - 선정 이유
>
>   『정의를 찾는 소녀』는 다람쥐 소녀 새미가 누구나 만족할 수 있는 정의를 찾기 위해 열두 마을을 방문하는 여정을 담은 정치 우화이다. 유토피아, 윤리, 자유, 평등을 추구하는 각 마을의 정의를 경험하고 토론하는 과정에서 나와 주변 동료들의 정의에 대해 알아가는 과정을 담을 수 있는 책이다.

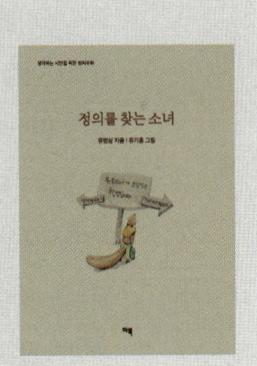

14. 사회적 독서로서의 슬로리딩

4. 프로그램 디자인하기

① 선정 도서를 몇 차시의 프로그램으로 디자인할지 정해 봅시다.

② 선정 도서를 함께 읽기 위한 슬로리딩 프로그램의 차시별 주제를 정해 봅시다.

차시	차시별 주제

참고 사례: 『정의를 찾는 소녀』 청소년 교육의 차시별 주제

차시	차시별 주제
1	오즈의 마을, 그리고 새로운 이웃들과 정의를 찾아 떠나는 여행
2	유토피아를 꿈꾸다
3	옳은 것이 좋은가, 좋은 것이 옳은가
4	더 멀리 자유! 그 위로 가자
5	모든 동물은 평등하지만 어떤 동물은 다른 동물들보다 더 평등하다
6	정의는 정의로운가
7	차이가 편안히 드러나는 광장에서 정의를 찾아 떠나는 여행
8	나의 정의는?

5. 샛길 활동 만들기

슬로리딩은 단순히 책만 읽는 것이 아니다. 책을 읽으며 다양한 샛길 활동을 만들고, 그 활동으로 함께 토론하는 사회적 독서이다. 즉, 책을 텍스트로 읽는 것이 아닌 샛길 활동으로 읽는 것이다. 책 속 인물의 삶을 이해하고 그 시대의 사회를 읽어 내는 세상 읽기이다. 이런 샛길 활동은 책의 내용을 내 삶과 연결하여 읽을 수 있다는 장점이 있고, 함께 토론하고 문제점을 발견하는 과정에서 자기 목소리를 내는 공동체의 구성원으로 성장할 수 있는 동력이 된다.

샛길 활동의 방법은 다양하다. 예를 들어, 책 속의 주인공들이 짜장면을 먹는 장면에서 샛길로 빠져 짜장면을 직접 만들어 먹는 활동을 할 수 있다. 활동을 하며 주인공들이 왜 짜장면을 먹었는지, 그 시대와 오늘날의 짜장면 가격은 어떻게 다른지를 토론할 수 있다. 단순한 샛길 활동 속에서도 다양한 토론을 가능하도록 하는 것이 슬로리딩 샛길 활동의 장점이다. 이 밖에도 책 속의 단어, 문장, 주제 등에서 다양한 샛길 활동을 만들 수 있다.

선정 도서의 내용이나 차시별 주제와 관련한 샛길 활동을 만들어 봅시다.

차시 주제	
샛길 활동	

참고 사례: 『정의를 찾는 소녀』 청소년 교육의 샛길 활동

계급역할 놀이 새미가 첫 번째로 도착한 코뿔소 마을의 지도자는 계급에 따른 역할에 최선을 다할 때 이상적인 마을이 된다고 말한다. 계급역할 놀이를 통해 계급의 역할과 갖춰야 할 덕목 등에 대해 생각해 본다.
참고 영상
참고 자료 『중학교 시민과 사회 정의』 36~37쪽

정의를 찾는 여행 새미가 여행한 8개 마을의 정의관을 살펴보고 내가 살고 싶은 마을을 선택한다. 마을 주민이 되어 마을 문제를 함께 토론하며 해결책을 찾는다.
참고 영상
참고 자료 『중학교 시민과 사회 정의]』 144~147쪽

상상 나눔_사회적 독서로 하는 권리형 나눔을 상상하다

사회적 독서의 일반적 형태는 독서 동아리를 통해 함께 책을 읽는 것이다.
독서 동아리에서 다른 독자와 만나 함께 책을 읽고 책에 대한 생각과 감정을 나눈다.
마을에서 학생, 학부모, 주민들이 참여한 슬로리딩 캠프 사례를 살펴보며
사회적 독서 방법과 실천에 대해 고민해 보자.

활동 1. 슬로리딩을 활용한 권리형 나눔

마을 공동체가 한 권의 책을 함께 읽고 토론하는 슬로리딩 캠프가 열린다면 어떨까요? '슬로리딩 독서 힐링 캠프'의 사례를 살펴보며 사회적 독서로 생각과 감정을 공유하고, 마을에 필요한 정책을 만들어 권리형 나눔을 실천하는 모습을 상상해 봅시다.

1. 학생, 학부모, 마을이 함께하는 슬로리딩 독서 힐링 캠프

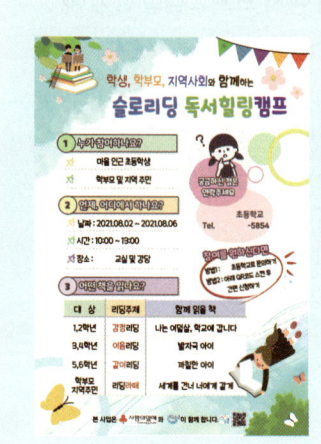

권리형 나눔을 실천하는 공동체는 자기 목소리로 말하는 시민들이 모여 만든다. 자기 목소리를 찾는 것은 곧 '나'를 찾는 과정이다. 슬로리딩 독서 힐링 캠프는 학생들이 자아를 찾고 친구와 마을을 돌아보며 나눔에 대해 생각하는 장이 된다. ○○초등학교 학생, 학부모는 물론 지역 주민을 대상으로 열린 이 캠프는 공감을 바탕으로 한 연대의 나눔 문화를 조성하는 계기가 되었다.

슬로리딩 독서 힐링 캠프의 주요 구성

프로그램명	시기	내용
슬로리딩 워크북 제작	4~6월	슬로리딩 독서 힐링 캠프에서 교재로 사용할 도서의 샛길 활동을 중심으로 한 워크북을 개발 및 제작한다.
슬로리딩 독서 힐링 캠프 운영	7~8월	마을 인근 초등학교 학생 60명, 학부모 및 지역 주민 20명을 대상으로 4개반을 하루 4시간씩 5일간 운영한다.
		독서치료의 전문적 상담기법을 활용하여 정서적 건강과 회복이 필요한 학생을 지원한다.
학습(독서) 동아리 운영 지원	9~11월	캠프 종료 후에도 참여자들이 학습(독서)동아리를 운영하며 자신은 물론 마을과 이웃, 사회를 돌아보도록 돕는다. 주요 활동: 치유적 책 읽기, 치유적 글쓰기, 치유적 말하기
마을 인문학 강좌	9~11월	나눔에 대해 고민할 수 있는 인문학 및 작가와의 만남 강좌를 학습동아리 및 지역 주민들과 함께 진행한다.
나눔 대축제	11월	캠프 수료생들이 만든 학습(독서)동아리가 해 온 활동 결과를 지역 주민들과 나누는 나눔 대축제를 개최한다.

슬로리딩 독서 힐링 캠프 영상을 보면서 내가 만들어 갈 사회적 독서 프로그램을 상상해 봅시다.

슬로리딩 독서 힐링 캠프 활동 모습 영상	[QR]
슬로리딩 독서 힐링 캠프 낭독극 나눔 대축제 영상	[QR]

활동 2. 슬로리딩을 활용한 권리형 나눔 프로그램 만들기

슬로리딩을 통해 권리형 나눔을 실천할 프로그램 계획서를 작성해 봅시다.

슬로리딩을 활용한 권리형 나눔 프로그램 계획서

프로그램명 _____

목적

_____
_____

주안점

_____
_____

세부 사업 내용

사업명	시기	사업 내용

활동 3. 사회적 독서의 나아갈 길

민주시민은 자기 목소리를 가진 존재이다. 그림에서 보듯이 교육과 토론의 커뮤니티 센터에서 사회적 독서가 이루어진다. 사회적 독서는 주민을 민주시민으로 변모시키고, 민주시민은 학습동아리에 참여한다. 학습동아리는 토론하는 동료들이 만나 사회적 독서를 하는 광장이다. 이 광장에서 형성된 사회적 공감은 더 나은 공동체에 대한 상상으로 이어진다. 그렇다면 이 상상을 일상, 즉 현실이 되도록 하는 길은 무엇일까? 이는 공동체를 변화하게 만드는 실천을 통해 가능하다. 더 나은 공동체는 불쌍한 이웃을 돕는 자선에 기반한 나눔을 통해 실현되는 것이 아니다. 시민들이 협동과 연대를 통해 불쌍한 사람이 생기는 사회적 위험을 막는 권리형 나눔을 실천할 때 더 나은 공동체가 형성될 수 있다.

사회적 독서는 사회적 공감을 이끌어 내고, 사회적 공감은 권리형 나눔을 실천하는 시민들에 의해 정책으로 이어진다. 따라서 사회적 독서를 하는 시민은 정책하는 시민이라 할 수 있다.

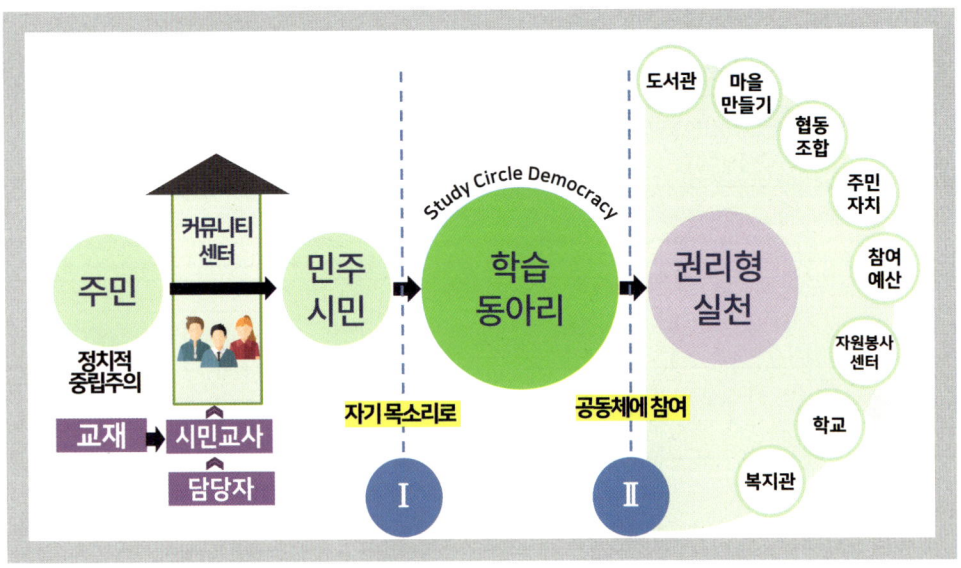

① 권리형 나눔을 실천하는 시민이 되기 위해 무엇부터 시작해야 할지 생각하여 써 봅시다.

② 내 공간에서 사회적 독서와 권리형 나눔을 실천하기 위한 방법을 토론해 봅시다.

15 소셜 디자이너

강한솔 광주광역시 광산구의회 의원

- 우리가 살고 있는 동네는?
- 동네를 디자인하다
- 세상을 바꾸기 위한 더 많은 상상

세상에는 헤어 디자이너, 패션 디자이너, 북 디자이너 등 많은 디자이너가 존재한다.
그중 소셜 디자이너는 사회 개혁에 앞장서서 사회를 바꾸기 위해 노력하는 사람이다.
내가 살고 있는 동네를 위해 할 수 있는 일을 찾아 프로젝트를 계획해 보며,
나눔의 새로운 발상과 착상으로 사회를 변화시키는 사람으로 성장할 수 있다.

질문 나눔_우리가 살고 있는 동네는?

나눔을 실천하기 위해서는 주변에 대해 자세히 알아야 한다. 어떤 사람들이 살고 있고, 어떤 자원들이 있는지, 또 우리 동네의 장점과 단점은 무엇인지 알아야 한다.
우리가 살고 있는 동네는 과연 어떤 모습일까?

활동 1. 다 같이 돌자 동네 한 바퀴

1. 동네 지도 그리기

① 동네에서 내가 가장 좋아하는 곳, 나만 알고 있는 장소, 사람이 많은 곳 등을 떠올리며 동네 지도를 그려 봅시다.

② 우리 동네의 옛 모습은 어땠을지 상상하여 그려 봅시다.

③ 동네의 옛 모습과 현재의 모습은 어떤 차이가 있는지 써 봅시다.

2. 아동과 청소년이 행복한 동네

다음 글을 읽고 아동친화도시에 대해 알아봅시다.

> 아동친화도시(Child Friendly Cities)란 18세 미만의 모든 아동이 살기 좋은 도시로, 유엔아동권리협약에 담긴 아동의 권리를 실현하는 지역사회를 의미한다. 아동친화도시에 사는 아동은 자신이 사는 지역사회의 의사결정 과정에 적극적으로 참여하고, 자신의 의견이 반영되는 경험을 통해 권리의 주체자로서 책임감 있고 건강한 시민으로 성장할 수 있다.
> 유니세프는 유엔아동권리협약의 비차별원칙(제2조), 아동 최선의 이익(제3조), 생존과 발달의 권리(제6조), 아동의견 존중(제12조)의 4가지 일반원칙을 기반으로 아동권리 보장에 필수적인 10가지 구성 요소를 갖춘 지역사회를 아동친화도시로 인증한다.

아동친화도시의 10가지 구성 요소를 조사하여 써 봅시다.

1	
2	
3	
4	
5	
6	
7	
8	
9	
10	

3. 우리 동네 장단점

① 우리 동네의 장점을 생각해 보고, 그 이유를 함께 써 봅시다.

장점	이유

② 우리 동네의 단점을 생각해 보고, 그 이유를 함께 써 봅시다.

단점	이유

활동 2. 내가 바라는 동네

1. 우리 동네 키워드

모두가 행복한 동네는 어떤 모습일지 떠올리며 관련 키워드를 정해 봅시다.
(예시: 안전, 건강, 환경, 놀이 등)

2. 우리 동네 상상하기

1의 키워드를 바탕으로 더 좋아진 우리 동네의 모습을 상상하여 구체적으로 써 봅시다.

실천 나눔_동네를 디자인하다

누구나 살고 있는 사회를 살기 좋은 곳으로 만드는 소셜 디자이너가 될 수 있다.
소셜 디자이너에 대해 자세히 알아보고 내가 살고 있는 동네를 위한
나눔 프로젝트를 기획해 보자.

활동 1. 소셜 디자이너에 대해 알아보기

1. 소셜 디자이너란?

내가 사는 사회에 관심을 갖고 더 좋은 사회를 만들기 위한 방법을 고민하는 사람들이 있습니다. 우리는 이런 사람들을 '세상을 디자인하는 사람'이라는 뜻에서 소셜 디자이너라고 부릅니다. 소셜 디자이너가 되기 위해서는 어떤 과정이 필요할까요? 관심 분야를 찾아 공부하고, 계획한 프로젝트를 실천하는 과정을 통해 소셜 디자이너로 성장할 수 있습니다.

소셜 디자인의 4단계

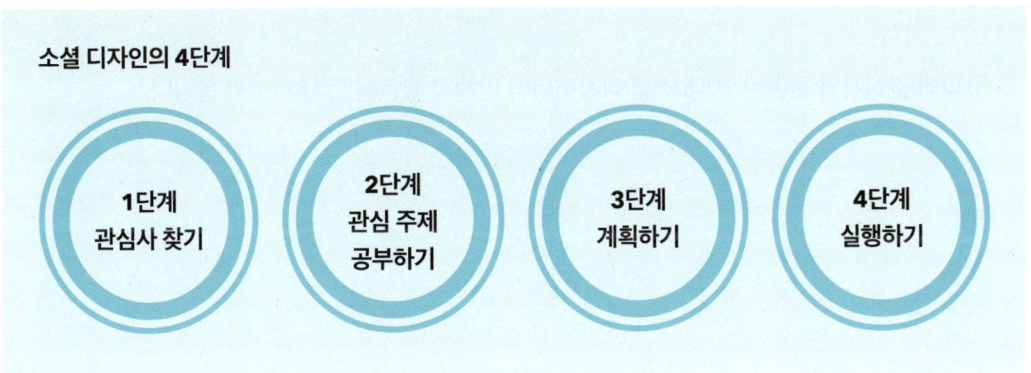

2. 책 속의 책 『10대, 세상을 디자인하다』

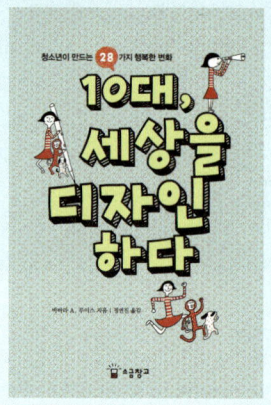

『10대, 세상을 디자인하다』에는 어려운 친구들을 돕거나 불공정한 사회를 바꾸기 위해 직접 실천에 옮기거나, 세계 각지에서 변화를 이끌어 낸 용기 있는 청소년들의 28가지 이야기가 담겨 있다. 각자의 관심 분야에서 사회를 변화시키기 위해 노력하는 사람들을 소셜 디자이너라고 부른다.

책에 소개된 10대 소셜 디자이너들은 전쟁이나 자연재해 등 다양한 이유로 인해 갈수록 심각해지는 빈곤과 인권 침해에 대응하고, 환경과 평화를 지키고, 누구나 교육의 기회와 건강하고 안전한 삶을 보장받을 수 있도록 문제상황을 알리고 사회참여 활동을 한다. 작게는 학교 안에서부터 시작하여 자신들이 살고 있는 지역, 더 나아가 세계적 변화를 촉구하며 자신의 목소리를 낸다.

이 책에는 청소년들의 활동 사례와 더불어 관련 단체 소개 및 지역사회에서 무엇을 할 수 있는지, 세계적으로 참여할 수 있는 일은 무엇인지 안내하고 있다.

크든 작든, 개인이든 단체든, 규모의 크기나 형태, 장소 등은 중요하지 않다. 현실을 개선하기 위해 내가 할 수 있는 일을 찾고 그것을 행동으로 옮길 때 더 나은 삶을 이룰 수 있다는 것을 기억하는 것이 중요하다.

① 나의 관심사와 관련된 10대 소셜 디자이너나 단체의 활동을 조사하여 써 봅시다.

② ①에서 조사한 대상의 활동으로 어떤 변화가 일어났는지 이야기해 봅시다.

활동 2. 내가 바로 소셜 디자이너

1. 소셜 디자이너에게 중요한 가치는?

소셜 디자이너가 되기 위해 갖추어야 할 가치는 무엇일까요? 제시된 가치들 중 소셜 디자이너에게 필요하다고 생각되는 가치를 선택하여 표시해 봅시다.

공공성	이해심	봉사심	나눔	정직
자유의지	감사	사랑	열정	용기
배려	친절	공동체	즐거움	협동
공감	안전	성장	평화	헌신
소통	변화	절제	리더쉽	권리

2. 내가 생각하는 나눔이란?

① 나눔에는 여러 가지가 있습니다. 내가 생각하는 나눔은 무엇인지 써 봅시다.

② 내가 중요하게 생각하는 가치를 선택하고, 이를 실현할 수 있는 나눔 활동을 생각하여 써 봅시다.

가치	나눔 활동
(예시) 나눔	베이킹 실력을 활용하여 빵과 케이크를 만들어 사회복지시설에 나눔한다.

활동 2. 나눔 프로젝트 구상하기

1. 나눔 프로젝트 계획하기

① 동네를 위해 내가 할 수 있는 나눔 프로젝트에는 무엇이 있을지 생각하여 써 봅시다.

② 나눔 프로젝트를 언제, 어디서, 무엇을, 어떻게 나눔 할 것인지 육하원칙에 맞춰 써 봅시다.

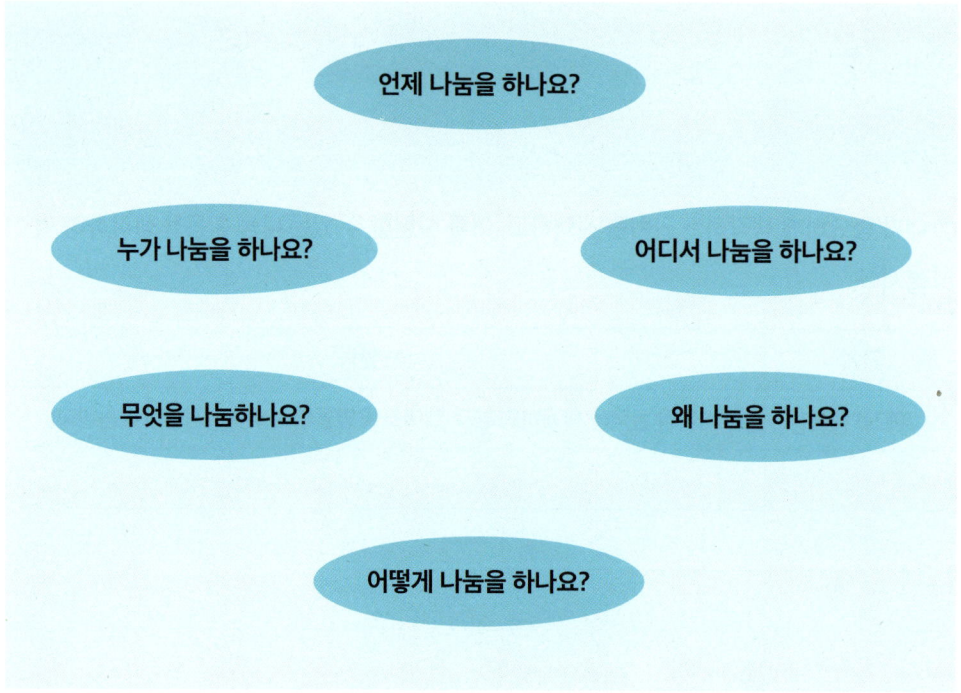

2. 나눔 프로젝트 계획서 작성하기

프로젝트의 내용을 계획서에 맞춰 작성해 봅시다.

프로젝트명	
추진 기간	
지역	
대상	
내용	
준비물	
예산	
효과	

상상 나눔 _ 세상을 바꾸기 위한 더 많은 상상

"행동하지 않는 자는 행동할 수 없는 자와 같다."
행동을 위한 계획을 세웠다면, 계획에서 멈추지 않고 계획을 실천으로 옮기는 행동하는 사람이 되어야 한다. 우리의 행동 하나로 세상을 바꿀 수 있다.

활동 1. 나눔 프로젝트 실천하기

1. 소개하기

내가 계획한 나눔 프로젝트를 친구들에게 소개해 봅시다.

2. 실천하기

프로젝트를 실천하며 느낀 점이나 프로젝트를 함께 실천한 사람들과 나눈 평가 등을 써 봅시다.

3. 앞으로의 계획

세상을 바꾸는 소셜 디자이너가 되기 위한 앞으로의 계획을 세워 봅시다.

활동 2. 청소년-청년-마을을 잇는 '사회복지창작소 터'

세상을 바꾸기 위해 행동하는 단체에 대해 알아봅시다.

> 사회복지창작소 터는 청소년-청년-마을을 잇는 상생 구조를 만들기 위해 노력하는 마을활동 청년단체이다. 광주 첨단종합사회복지관 산하 비영리 조직으로 2014년 출범했다.
>
> 아파트 내 공동 장독대를 조성하는 '공동 장독대 情'(2015년), 청년들의 눈으로 본 청년과 마을의 이야기를 담은 '청춘 리틀텔레비전'(2016년) 활동을 하였고, 놀이터가 어린이들의 공간이 될 수 있도록 함께 놀아 주며 어린이들이 자기주도적 놀이를 하도록 돕는 놀이터 재생프로그램 '언니오빠놀이터'(2017년~), 청소년 주도형 마을 봉사 프로그램인 '청청마을성장학교'(2017년~) 등의 활동은 계속해서 진행 중이다. 이 중 청청마을성장학교는 지역의 중학교와 연계한 프로그램으로, 청소년들이 마을에 필요한 자원봉사 활동을 직접 기획하고 실행하도록 하는 사회참여교육이다.
>
> **청청마을성장학교의 주요 활동**
>
> | 활동명 | 내용 |
> |---|---|
> | 힘을내요 월봉파워 | 지역사회와 학내 인사나눔 캠페인 |
> | 청청, 꿈이 현실로 | 어릴 때 다녔던 어린이집 방문하여 일일 청소년 교사가 되어 보기 |
> | 비아마을 청춘파티 | 학창 시절을 경험하지 못한 지역 주민을 학교로 초대하기 |
> | 벤치드로잉 | 마을 공원의 훼손된 벤치 페인트칠하기 |
> | 월봉놀이터 | 마을 놀이터에서 아이들과 함께 뛰놀며 플레이코치 되어 보기 |

① 사회복지창작소 터의 활동 중에서 가장 인상 깊은 활동과 그 이유를 이야기해 봅시다.

② 사회복지창작소 터가 만들고 싶은 세상은 어떤 세상일지 생각하여 이야기해 봅시다.

수록문 출처

장	쪽수	지은이	출처
프롤로그	8	-	『권리형 나눔을 위한 워크북』(사랑의열매·시민교육과 사회정책을 위한 마중물, 2021 나눔샘 프로젝트 보고서, 2022)
2장	33	홈리스행동 생애사 기록팀	『힐튼호텔 옆 쪽방촌 이야기』(후마니타스, 2021) 36, 67~68, 209, 312쪽
	36	저자 재구성	『빈곤의 역사, 복지의 역사』(허구생, 한울아카데미, 2016)
	37	-	마태복음 19:23~24
	40	마크 트웨인	『왕자와 거지』(시공주니어, 2002) 195쪽
	41	저자 재구성	EBS 지식채널e 〈마이너리티 리포트〉 2012년 4월 30일 방송
		캐슬린 존스	『영국 사회정책 현대사』(인간과복지, 2003) 171쪽
	44	유범상·정연정	『사회복지실천기술론』(한국방송통신대학교출판문화원, 2019)
	47	저자 재구성	EBS 지식채널e 〈국민의 집 2부〉 2012년 10월 15일 방송
	48	저자 재구성	에듀앤스토리 〈스웨덴식 복지모델 성공은 평생교육이 있었기에 가능했다〉(https://edunstory.tistory.com/461)
			중앙일보, 2013년 8월 9일 자
3장	53	저자 재구성	대한민국 정책브리핑 뉴스, 2020년 11월 4일 자
	56	저자 재구성	경향신문, 2020년 9월 2일 자
	58	저자 재구성	청와대 국민청원
	60	저자 재구성	『공정하다는 착각』(마이크 샌델, 와이즈베리, 2020)
	61	저자 재구성	『실력과 노력으로 성공했다는 당신에게』(로버트 H. 프랭크, 글항아리, 2018)
4장	76~82, 84~87, 89~90, 92	저자 재구성	『정의를 찾는 소녀』(유범상, 마북, 2020)
	93	-	국립국어원(www.korean.go.kr)
7장	136~137	저자 재구성	유니세프한국위원회 스토리 〈코코아 농장에 출근하는 어린이의 하루〉 (https://www.unicef.or.kr/what-we-do/news/57279)
	138~139	저자 재구성	KBS 환경스페셜 〈의류공장으로 더럽혀진 방글라데시의 땅〉 2021년 7월 1일 방송

장	쪽	출처	내용
7장	138~139	저자 재구성	EBS 하나뿐인 지구 〈패스트 패션이 말해 주지 않은 것들〉 2014년 1월 10일 방송
	140	이종철	『까대기』(보리, 2019) 269쪽
	142	저자 재구성	〈나눔의 예술: 권리의 눈으로 본 나눔의 예술 2강-나눔의 감정, 연민과 공감〉, 마중물TV(https://www.youtube.com/watch?v=seoj_D3ngu4)
	143	저자 재구성	서울시 NPO지원센터 블로그(http://www.snpo.kr/bbs/board.php?bo_table=npo_aca&wr_id=4542&page=10)
8장	159	저자 재구성	국가법령정보센터(https://www.law.go.kr/) 『명견만리: 인구, 경제, 북한, 의료 편』(KBS〈명견만리〉제작진, 인플루엔셜, 2016)
	161	저자 재구성	「2017 노동인권 교사 직무연수(중등입문) '노동인권, 학교와 만나다'」(서울특별시교육청, 2017)
	162~163	-	국가법령정보센터(https://www.law.go.kr/)
	164	저자 재구성	『우리도 행복할 수 있을까』(오연호, 오마이북, 2014)
9장	174	청소년기후행동	청소년기후행동 홈페이지(https://youth4climateaction.org/)
10장	184~185	좋은일컴퍼니	좋은일컴퍼니 홈페이지(http://www.onejob.co.kr)
	188	저자 재구성	『위를 봐요!』(정진호, 현암주니어, 2014)
	191	저자 재구성	『작가와 함께 하는 그림책 토론 수업』(책사랑교사모임, 학교도서관저널, 2021)
	193~194	저자 재구성	베이비뉴스, 2021년 12월 16일 자
11장	200	박성우	『가뜬한 잠』(창비, 2019)
	201	함민복	『노래는 최선을 다해 곡선이다』(문학동네, 2019)
	212	토머스 모어	『유토피아』(서해문집, 2005) 78, 82, 97, 177쪽
12장	221	-	「부평구 마을공동체만들기 지원조례」
	222	저자 재구성	『한 아이를 키우려면 온 마을이 필요하다』(우리아이 희망네트워크, 책읽는수요일, 2011)
	230	인천신현고등학교 학생회 해솔	『마을과 사람』 프롤로그, 2021
	231	정혜교	『나비가 된 벚꽃』 작가의 말(인천신현고등학교 학생회 해솔, 2021)
	233	저자 재구성	『마을을 상상하는 20가지 방법』(박재동 외, 샨티, 2015)
13장	239, 243	저자 재구성	『세상과 나를 바꾸는 지도, 커뮤니티 매핑』(임완수, 빨간소금, 2021)
	244	저자 재구성	워코노믹스 홈페이지(https://walkonomics.com/)
14장	256	저자 재구성	『히틀러의 비밀 서재』(티머시 W.라이백, 글항아리, 2016)
	257~258	저자 재구성	『덤벼라, 빈곤』(유아사 마코토, 찰리북, 2010) 『사회독서, 세상을 읽는 힘: 경제와 미디어』(임성미, 북하우스, 2018)
	260	저자 재구성	2020 사회적 독서 콘퍼런스 발표 자료집
15장	276	저자 재구성	유니세프한국위원회 홈페이지(http://childfriendlycities.kr/)
	280	저자 재구성	『10대, 세상을 디자인하다』(바바라 A. 루이스, 소금창고, 2013)

수록 이미지 출처

장	쪽수	출처
프롤로그	6, 7	『권리형 나눔을 위한 워크북』(사랑의열매·시민교육과 사회정책을 위한 마중물, 2021 나눔샘 프로젝트 보고서, 2022)
1장	19	한겨레, 2021년 1월 18일 자
	21	렘브란트, 〈돌아온 탕자〉, 1669, 캔버스에 유채
	22	데일리 헤럴드, 1942
	24	『사회복지정의론』(유범상·유해숙, 한국방송통신대학교출판문화원, 2019)
2장	33	『힐튼호텔 옆 쪽방촌 이야기』(홈리스행동 생애사 기록팀, 후마니타스, 2021)
	35	바르톨로메 에스테반 무리요, 〈음식을 나누어 주는 알카리의 성 디에고〉, 1646년경, 캔버스에 유채
	38	피터르 브뤼헐, 〈7가지 자선〉, 16~17세기, 패널에 유채
	39	조지 가워, 〈아르마다 초상화〉, 1588년경, 패널에 유채
	40	『왕자와 거지』(마크 트웨인, 시공주니어, 2002)
	43	『권리형 나눔을 위한 워크북』(사랑의열매·시민교육과 사회정책을 위한 마중물, 2021 나눔샘 프로젝트 보고서, 2022)
3장	55	영화 〈4등〉(㈜프레인글로벌 외, 2016), 정지우
	61	『실력과 노력으로 성공했다는 당신에게』(로버트 H. 프랭크, 글항아리, 2018)
	63	『중학교 시민과 사회 정의』(유범상 외, 인천광역시교육청, 2021)
	69	영화 〈반짝반짝 두근두근〉((사)배리어프리영화위원회, 2014), 김태균
4장	74, 79, 81, 85, 89, 92	『중학교 시민과 사회 정의』(유범상 외, 인천광역시교육청, 2021)
5장	103	유니세프한국위원회
6장	122~123	『2021 경기도 장애인 등의 편의시설 설치 매뉴얼』(경기도장애인편의증진기술지원센터 홈페이지, http://www.udcenter.org)
	130	〈세상에서 가장 조용한 택시〉(현대자동차그룹, https://www.youtube.com/watch?v=0dshwSuoa6s)
7장	140	『까대기』(이종철, 보리, 2019)
	143	(사)아름다운커피

7장	144	『권리형 나눔을 위한 워크북』(사랑의열매·시민교육과 사회정책을 위한 마중물, 2021 나눔샘 프로젝트 보고서, 2022)
9장	175	청소년기후행동 홈페이지(https://youth4climateaction.org)
10장	188	『위를 봐요!』(정진호, 현암주니어, 2014)
11장	205	고흐, 〈슬퍼하는 노인〉, 1898, 캔버스에 유채
	206	뱅크시, 〈사랑은 쓰레기통에〉, 2018
	212	『유토피아』(토머스 모어, 서해문집, 2005)
12장	222	『한 아이를 키우려면 온 마을이 필요하다』(우리아이 희망네트워크, 책읽는수요일, 2011)
	223	『중학교 시민과 사회 참여』(박대훈 외, 인천광역시교육청, 2021)
	229	『마을과 사람』(조수빈, 인천신현고등학교 학생회 해솔, 2021)
	229	『마을과 사람』(김가연, 인천신현고등학교 학생회 해솔, 2021)
	231	『나비가 된 벚꽃』(정혜교·김채원, 인천신현고등학교 학생회 해솔, 2021)
	233	『마을을 상상하는 20가지 방법』(박재동 외, 샨티, 2015)
13장	246	『2020 서울청년지도』(서울특별시 청년교류공간, https://youth.seoul.go.kr/site/bridge/content/BR030-02)
14장	256	『히틀러의 비밀 서재』(티머시 W. 라이백, 글항아리, 2016)
	257	『덤벼라, 빈곤』(유아사 마코토, 찰리북, 2010)
	263	『정의를 찾는 소녀』(유범상, 마북, 2020)
	270	『사회복지정치학』(유범상·이현숙, 한국방송통신대학교출판문화원, 2021)
15장	280	『10대, 세상을 디자인하다』(바바라 A. 루이스, 소금창고, 2013)

* 본 출판사가 의뢰하여 그린 이미지, 이미지 판매 사이트에서 구매한 이미지 등은 별도 출처 표기를 하지 않았습니다.

연민 대신 권리를 나누기로 했다
연대하는 청소년을 위한 나눔교육 워크북

초판1쇄 발행 2022년 5월 30일
초판2쇄 발행 2022년 12월 10일
지은이 유범상 외
펴낸이 김민하
펴낸곳 (주)마북
등록 제353-2019-000023호(2019년 10월 24일)
주소 인천시 남동구 소래역남로16번길 75 에코메트로3차 더타워상가 B103-5호
전화 070 8744 6203
팩스 032 232 6640
홈페이지 www.mabook.co.kr **이메일** mabook365@gmail.com
blog.naver.com/mabook365, www.facebook.com/mabook365

삽화 신홍재
편집 이영은
디자인 공미경
인쇄·제책 한영문화사

ISBN 979-11-969348-9-7 03300

이 책은 사랑의열매의 지원을 받아 제작되었습니다.
이 책은 저작권법에 따라 보호를 받는 저작물이므로 무단 전재와 무단 복제를 금하며,
이 책의 전부 혹은 일부를 사용하려면 반드시 (주)마북의 허락을 받아야 합니다.